Herbert Schwinghammer · Gute Noten leicht gemacht

Herbert Schwinghammer

Gute Noten leicht gemacht

Schulerfolg ohne Angst

SC

ISBN 3-925275-00-2

Auflage 6.
Jahr 1988

SC-Verlag GmbH, Altöttinger Straße 19a, 8910 Landsberg a. Lech

Gesamtherstellung: LVA · 8910 Landsberg a. Lech

Inhalt

	Vorwort	7
	Gebrauchsanweisung	9
	Das menschliche Gehirn und das Gedächtnis	11
	Zu Hause	17
1	Am selben Tag lernen	19
2	Kurz, aber öfter lernen	20
3	Abwechseln	22
4	Kurze Pausen machen	23
5	Mit leichter Hausaufgabe anfangen	25
6	Sich um die Lösung bemühen	26
7	Jeden Tag lernen	28
8	Nichts aufschieben	29
9	Wiederholen, wiederholen	31
10	Nicht zu viel auf einmal wollen	33
11	Gezielt lernen	35
12	Von Ganzen zum Detail	37
13	Stichpunkte mitschreiben	39
14	Sehen, sprechen, schreiben	42
15	»Vorlernen«	43
16	Notizen sammeln	45
17	Feste Arbeitszeit einführen	47
18	Kurzzeitwecker verwenden	51
19	Plan aufstellen	53
20	Ziele direkt ansteuern	56
21	Logbuch führen	57
22	Für gute äußere Umstände sorgen	60
23	Arbeitsmaterialien bereithalten	62
	In der Schule	63
24	Den Gedankengängen des Lehrers folgen	65
25	Fragen stellen	66

26 Im Unterricht mitschreiben 68
27 Neues gut im Gedächtnis verankern 70
28 Hausübungen sorgfältig verbessern 71

In der Prüfung 73
29 Ohne Hetze in die Prüfung 75
30 Mit leichten Fragen anfangen 76
31 Fragen gründlich überlegen 77
32 Diszipliniert und logisch vorgehen 79
33 Nur schreiben, was man 100%ig weiß 81
34 Teilergebnisse sofort überprüfen 82
35 Keine Zeit verschwenden 83
36 Nicht aufgeben 84
37 Auf gutes Äußeres achten 85
38 Sich nicht auf das »Spicken« verlassen 86
39 Korrektur überprüfen 87

Allgemeine Bemerkungen 89
40 Pech bei Prüfungen 91
41 Wann wird geprüft? 92
42 Was wird geprüft? 95
43 Nachbarn 96
44 Nachhilfestunden 98
45 Besserwisser und »Wer scheitert?« 100
46 Ausreden (Der Lehrer ist schuld) 103
47 Eltern – Lehrer 106
48 Durchfallen 107
49 Prüfungsangst 109
50 Mündliche Prüfung 120
51 Motivation 122
52 Tabletten 127
Schlußbemerkungen 128

Anhang: Lernen von Vokabeln 130

Vorwort

Schulprobleme, wie schlechte Noten, Prüfungsangst oder »Durchfallen« belasten jahrelang oft sehr erheblich das Leben vieler Schüler.

Häufig lernen Schüler alleine, mit den Eltern oder sogar mit Nachhilfelehrern sehr viel, vor Prüfungen gar stundenlang. Das Ergebnis ist deprimierend: Sie scheinen die schlechten Noten geradezu gepachtet zu haben. Dabei sind solche Schüler meist nicht weniger intelligent als andere, die möglicherweise nicht so viel für die Schule tun und doch gute Noten haben. Schicksal?

Keineswegs! Dieses Buch bringt echte Hilfe. Viele Tips und Tricks werden hier verraten, wie Schüler, ohne eigentlich länger zu lernen, ihre Noten deutlich verbessern können. Wer sich an diese Anleitungen hält, lernt ohne Umwege. Mit begrenztem Aufwand wird ein hohes Maß an Leistung erreicht. Sehr gute Schüler wenden eine Reihe dieser Methoden bereits an.

Eine hochwissenschaftliche Abhandlung oder ein literarisches Meisterwerk soll dieses Buch nicht sein. Es wird vielmehr alles bewußt unkompliziert und in einfacher Sprache ausgedrückt. Diese Anleitungen sind für Schüler geschrieben, vor allem auch für schwächere, die endlich bessere Noten erreichen wollen.

Und dazu muß man so viel durchlesen? Keine Sorge! Einzelne Kapitel können zunächst für sich studiert und angewandt werden. »Faule« dürfen sich fürs erste sogar damit begnügen, nur die Überschriften zu durchdenken und sich danach zu richten. Schüler ab der 7. Klasse kommen mit dem Buch schon alleine zurecht. Dennoch bringt es Vorteile, wenn auch die Eltern es von Zeit zu Zeit zur Hand nehmen.

Eltern jüngerer Kinder sollten das auf jeden Fall tun, denn je früher ein Schüler anfängt, die aufgeführten Tips zu beherzigen, desto erfolgreicher wird er später sein.

Die hier gesammelten Hilfen zum richtigen Lernen gründen sich sowohl auf wissenschaftlich abgesicherte Erkenntnisse als auch auf die vielfältigen Beobachtungen des im Schuldienst jahrzehntelang erfahrenen Verfassers. Sie wurden und werden auf seinen Rat hin schon von vielen Schülern mit großem Erfolg angewandt.

Es wäre also zu wünschen, daß dieses Buch eine möglichst weite Verbreitung findet, damit mehr und mehr junge Menschen dahinterkommen, wie man sich mit Erfolg um bessere Noten bemühen kann. So manche Ängste und Nöte würden sie auf diese Weise los.

Gebrauchsanweisung

1 Beim ersten Durchlesen langsam vorgehen und wichtige Stellen (am Rande) anstreichen

2 Nicht vor »Begeisterung« plötzlich alle Punkte auf einmal anwenden wollen, sondern zunächst nur einige wenige Tips übernehmen

3 Vor dem Lernen sich die entsprechenden Techniken nochmals genau klarmachen

4 Immer wieder einzelne Abschnitte durchlesen! Später genügt es, nur das Inhaltsverzeichnis bzw. die Überschriften der Anweisungen zu überfliegen

5 Systematisch vorgehen und im Inhaltsverzeichnis abhaken, was bereits sicher angewandt wird, bis schließlich das eigene Lernsystem optimal ist

6 Bei Mißerfolgen nachlesen, um zu erkennen, woran es lag, und Fehler abstellen

7 Mit einem Schulkameraden, der auch dieses Buch besitzt, gelegentlich gemeinsam arbeiten

8 Nicht aufgeben, der Erfolg kommt

Das menschliche Gehirn und Gedächtnis

Das menschliche Gehirn ist eine sehr komplizierte Konstruktion, ein Wunderwerk der Natur, mit dem auch die neuesten Computer nicht konkurrieren können.

Während die Computer immer mehr verbessert werden, weiß man vom Gehirn, trotz aller wissenschaftlichen Fortschritte der letzten Jahre, noch relativ wenig.

Folgende Ausführungen versuchen, in einfachster Weise einige Funktionen des menschlichen Gehirns zu erklären. Dadurch werden auch viele der Lernanleitungen dieses Buches verständlicher.

Alle Informationen, welche über unsere Sinnesorgane in unser Gehirn gelangen, läßt es nach spätestens 25 Sekunden (!) wieder fallen, außer sie werden eigens »festgebunden«. Dies geschieht aber nur, wenn ihnen unser Kopf einige Bedeutung zumißt. Um also diese Barriere (= *Ultrakurzzeitgedächtnis*) beim Lernen zu überwinden, muß man eine Information bewußt wichtig machen und verankern durch bestätigendes Wiederholen etwa, durch Eselsbrücken usw. Sie gelangt so in das Kurzzeitgedächtnis (vgl. 1, 2).

Daß dem Ultrakurzzeitgedächtnis so vieles »entfällt«, dient unserem Schutz. Die unzähligen Eindrücke, die jeden Augenblick über Augen, Ohren usw. auf uns einstürzen, könnten wir gar nicht aushalten. Deswegen haben wir diesen Schutzschirm, diesen Filter. Beim Lernen ist das zunächst ein großer Nachteil.

Will man, daß schulischer Lernstoff als neue Information gespeichert wird, so muß man dabei in der Regel nachhelfen, weil unser Gehirn ihn zumeist nicht von sich aus für so wesentlich erachtet. Wird je-

---

1 Frederic Vester »Denken, Lernen, Vergessen«, Deutsche Verlags-Anstalt GmbH Stuttgart, 1975

2 Hinrich Rahmann »Bausteine der Erinnerungen«, bild der wissenschaften, 9/83, 19. Jahrgang

doch dieser bewußt gewollte Speicherungsvorgang durch einen anderen, starken Gedanken (z. B. Party, Freund/in, Sportfest usw.) gestört, so wird diese erste Information überlagert und ausgelöscht (= Interferenz). Man muß den Lernvorgang wieder ganz von vorne beginnen.

Wer wollte sich nicht schon einmal einen besonders guten Witz, der in einer fröhlichen Runde erzählt wurde, unbedingt merken? Jedoch schon kurze Zeit später war man beim besten Willen nicht mehr in der Lage, ihn nachzuerzählen. Andere, neue Witze haben einen Weitertransport ins Kurzzeitgedächtnis verhindert. Dasselbe erlebt, wer beim Lernen zu schnell vorgeht.

Das *Kurzzeitgedächtnis* bearbeitet die Informationen sozusagen; es bereitet sie auf für die endgültige Speicherung im Langzeitgedächtnis. Man kann diesen Vorgang unterstützen, indem man »weniger wichtige« Informationen, also solche, die uns an sich seelisch nicht allzu sehr berühren, in Abständen wiederholt. Sonst sind diese Informationen nach relativ kurzer Zeit nicht mehr verfügbar (5 Minuten bis 24 Stunden).

Ähnliches passiert sogar bei Inhalten, die sehr interessieren. Es kommt immer wieder vor, daß man z. B. nach einiger Zeit sich nicht mehr ins Bewußtsein rufen kann, wie ein Buch oder ein Film ausging oder wer der Mörder in einem Krimi war.

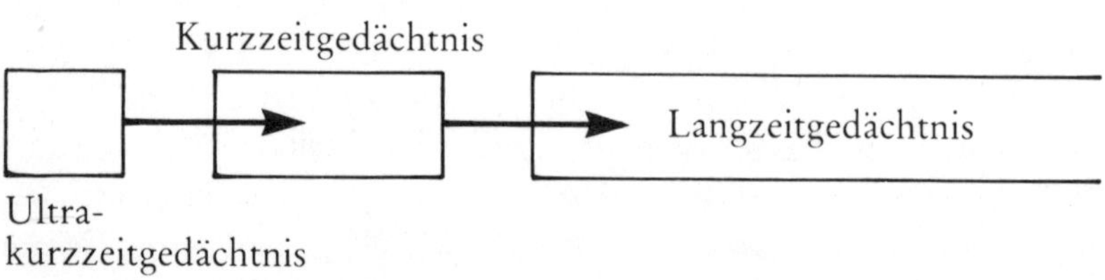

Erst im *Langzeitgedächtnis* bleiben Informationen für immer, wenngleich viele im Unterbewußtsein verschwinden (= zweites Vergessen) und unter normalen Umständen nicht abrufbar sind (außer in Hypnose usw.).

Will man also gute Noten, muß der Transport ohne Störung vor sich gehen können.

Eine Verankerung erfolgt um so leichter, je mehr man im Gehirn bereits gespeichert hat, woran man das neu Aufgenommene durch Herstellung von Gedankenbrücken festbinden kann. Brückenpfeiler können Oberbegriffe sein, zu denen sich das Neue ordnen läßt, ähnlich Klingendes, Sinnverwandtes, Gegenteiliges usw. Sie dienen als Stichwörter, wenn es darum geht, das Eingeprägte wieder ins Bewußtsein zurückzutransportieren. Die gelernten Details kommen mit ihnen wie von selbst an die Oberfläche.

Gespeichert ist also eine Unmenge. Aber nur, was wir auch wieder über die Schwelle des Bewußtseins zurückrufen können, bezeichnen wir als den Inhalt unseres Gedächtnisses oder kurz als »unser Gedächtnis«.

Beim Lernen werden auf diese Weise ganze Denkbahnen mit vielen Abzweigungen zu den Speicherräumen in den Gehirnzellen aufgebaut. Diese Leitungen sind durch unglaublich viele Schaltstellen (500.000.000.000.000) in einzelne Abschnitte unterteilt, die zunächst durch Zwischenräume getrennt sind. Solche Zwischenräume müssen beim Aufbau einer Leitung durch chemische Stoffe/Hormone überbrückt werden (z. B. Acetylcholin, Noradrenalin, Glutaminsäure u. a.). Diese »positiven Stoffe« werden in unserem Körper produziert und, wenn wir uns freuen, angenehme Gefühle haben usw., über die Blutbahnen an diese Kontaktstellen transportiert.

Es gibt nun aber leider auch »negative Stoffe«, welche das Gegenteil bewirken und den Rücktransport von den Speicherstellen zum Bewußtsein behindern oder ganz blockieren (Adrenalin, Cortison u. a.). Diese Stoffe werden bei plötzlichem Schreck, Angst, Streß oder Hetze in Bruchteilen von Sekunden in die Blutbahn ausgestoßen und dann an den Schaltstellen zwischen die einzelnen Leitungsabschnitte gelagert, so daß jeder Rücktransport von gespeicherten Informationen, jedes Wiederherstellen von Gedankenketten mehr oder weniger blockiert wird.

Beim Lernen muß man also alles tun, was den Hin- und Rücktransport fördert, aber alles vermeiden, was diese Vorgänge be- oder verhindert.

Beim Lernen, beim geistigen Arbeiten werden in unserem Gehirn Denkbahnen regelrecht eingeschliffen, sofern wir dabei die richtigen Methoden anwenden. Der Mensch kann mehr, weiß mehr, wenn er durch entsprechendes Lernen und Üben möglichst viele solcher Bahnen aufbaut. Man lernt immer leichter. Und darum geht es in diesem Buch.

Es ist anscheinend so, daß das menschliche Gehirn verbessert werden kann wie Muskeln durch körperliches Training. Eine Reihe von wissenschaftlichen Untersuchungen der letzten Jahre weisen darauf hin. Durch Üben kann man wie in den verschiedenen Sportarten die persönliche Leistung enorm steigern. Aber das geht nicht von einem Tag auf den anderen, es gehört Ausdauer dazu. Umgekehrt verkümmern Muskeln durch Nichtstun, bilden sich zurück. Beim Gehirn wird Ähnliches beobachtet.

Im Sport kann man die körperliche Kondition allgemein verbessern oder die Muskeln durch Spezialtraining nur für eine bestimmte Funktion ausbilden. Austauschbar ist dies nicht. Alle Spitzensportler trainieren täglich viele Stunden. Nun ist aber ein Weltklasseläufer kein guter Schwimmer oder Radfahrer. Selbst ein 100-m-Läufer kann nicht mit einem Langstreckler mithalten, obwohl eigentlich beide »Laufen« trainieren, der eine jedoch mehr auf Schnelligkeit, der andere auf Ausdauer.

Im geistigen Bereich kann man seine Leistungen genauso ausbilden. Natürlich gibt es auf den einzelnen Gebieten Sonderbegabungen. Aber durch gezieltes, intensives und ausdauerndes Üben kann jeder seine »Bestleistungen« steigern und dabei andere, eigentlich Begabtere, die jedoch weniger »trainieren«, überflügeln. Ob es sich hier um Mathematik oder eine Fremdsprache handelt, ist egal. Es entwickeln sich Spezialisten auf den einzelnen Gebieten. Es gibt

Menschen, die können z. B. nach jedem Spieltag in einer Fußballiga, ohne eigentlich zu lernen, die Ergebnisse wiederholen oder sogar die neue Tabellenspitze mit genauem Punkt- und Torverhältnis hersagen. Diese Zahlenmerkfähigkeit sagt nichts aus über geistige Befähigungen auf anderen Gebieten.

Jeder, der sich mit einer Sache längere Zeit beschäftigt, entwickelt dafür spezielle Qualitäten. Er erzielt auf diesem Gebiet Leistungen, die von anderen Menschen, auch wenn sie sehr intelligent sind und über ein gutes Gedächtnis verfügen, auf Anhieb nicht erreicht werden.

Folgerung: Auch ein Schüler, der nach eigener Meinung in bestimmten Fachgebieten unbegabt ist, z. B. in der Mathematik, kann durch Fleiß und Ausdauer seine Leistungen erheblich verbessern.

Zu Hause

Entscheidend für gute Noten und Prüfungen ist die häusliche Vorbereitung. Leider passiert es immer wieder, daß Schüler trotz großen Zeitaufwandes sich in der Schule nur sehr schlecht an das Gelernte erinnern. Schuld daran sind häufig nicht fehlender Fleiß oder mangelnde Intelligenz, sondern falsches Lernverhalten. Wie aber lernt man richtig?

1 a) **Nach einer Unterrichtsstunde noch am selben Tag die Hausaufgaben machen bzw. lernen**

b) **Dadurch gewinnt man Zeit; das Gelernte prägt sich auch besser ein und bleibt länger im Gedächtnis.**

c) Macht man z. B. in Englisch, Mathematik usw. die Hausaufgabe am selben Tag, an dem man sie aufbekommen hat, so ist der Stoff noch frisch im Kurzzeitgedächtnis. Die Aufgaben kann man deswegen viel schneller lösen als an einem anderen Tag. Ein Neubeginn mit Nachdenken oder Nachschlagen ist nicht notwendig. Später braucht man oft die doppelte Zeit.

Ein weiterer großer Vorteil ist, daß so Gelerntes viel intensiver ins Langzeitgedächtnis überführt wird und somit länger »im Gedächtnis bleibt« (5- bis 10mal so gut!).

Wenn, durch den Stundenplan bedingt, an einem Tag zu viel Stoff zusammenkommt, muß man notgedrungen etwas zurückstellen. Vorrang beim Lernen haben dann solche Fächer oder Stoffgebiete, die langfristig gewußt werden müssen oder die man sich sonst mit größerem Zeitaufwand neu erarbeiten müßte, weil man bis dahin schon zu viel vergessen hätte.

Arbeitet man regelmäßig so, dann kommt es auch nicht zu Stoffanhäufungen an einem Tag; man hat ja »vorgearbeitet«. Vor der jeweiligen Stunde heißt es natürlich nochmals wiederholen!

2 a) **Kurz, aber öfter lernen, wenn es um Mündliches geht**

b) **»3 × 5 Minuten« lernen ist besser als »1 × 60 Minuten«.**

c) »3 × 5 Minuten« lernen gilt für mündliches Arbeiten. Es müssen nicht wirklich fünf Minuten sein. Hier kann und soll man, je nach Stoff, den Zeitrhythmus ändern (10, 5, 3 Minuten usw.). Wichtig ist nur, daß man mit knappen Pausen wiederholt das Gleiche lernt, kurz und konzentriert, ohne Zeitverschwendung und ohne zu »träumen«, was bei »stundenlangem« Lernen sehr leicht passiert. Wer so lernt, wird schon nach kurzer Zeit feststellen können, daß die Konzentration immer besser wird.

Ein Schüler, der diese ersten Punkte nicht beachtet, muß wesentlich mehr Zeit aufbringen, um langfristig das gleiche Ergebnis zu erreichen.

Beispiel:

Schüler A lernt einen von Dienstag auf Donnerstag aufgegebenen, begrenzten Stoff noch am selben Tag nach System ›3 × 5‹. Schüler B lernt nicht am selben Tag und nicht nach System ›3 × 5‹; wieviel Zeit muß er in etwa aufbringen, um dasselbe Lernergebnis zu erzielen wie Schüler A?

Da Schüler B nicht am selben Tag lernt, also den Stoff erst wieder neu aufbereiten muß, braucht er die doppelte Zeit. Anstelle des konzentrierten, rhythmischen Lernens betreibt er obendrein ein oberflächliches Vorsichhinlernen. Das kann den vierfachen Zeitaufwand kosten.

Also: anstatt	3 × 5 Minuten	= 15 Minuten
	15 × 2 × 4 Minuten	= 2 Stunden

Es dauert also 8mal (!) so lange, bis der Schüler B den Stoff ebenfalls »im Kopf« hat. Aber wie?

Weil sich so das Gelernte weniger gut einprägt, die Denkbahnen schlechter eingeschliffen sind, muß Schüler B auch noch früher zu wiederholen beginnen; sonst gleitet das Gelernte aus dem Gedächtnis so ins Unterbewußtsein, daß es nur mehr schlecht zurückzuholen ist. Das verdoppelt die Lernzeit womöglich erneut.

Zum gleichen Erfolg, den Schüler A mit 15 Minuten erzielt, würde Schüler B letztlich durch 4 Stunden Lernarbeit gelangen. Angesichts all der Fächer kann er so viel Zeit aber gar nicht aufbringen. Die Folge: Schüler B hat selbst dann noch schlechtere Noten, wenn er schon wesentlich »mehr« lernt als A.

Natürlich stimmt diese einfache Rechnung nicht für jedes Lerngebiet. Der Vorteil von Schüler A ist jedenfalls beträchtlich, vor allem längerfristig in aufbauenden Fächern (Fremdsprachen, Mathematik usw.), da Schüler B den Lernstoff schneller vergißt.

Jeder Schüler sollte deshalb ab sofort nur noch mit System »3 × 5« lernen und nicht aufgeben, wenn sich ein Erfolg nicht gleich einstellt. In dem einen oder anderen Fach sind vielleicht im Laufe von ein paar Jahren viele Lücken im Grundwissen entstanden, die in einer Prüfung noch lange die Lösung von Aufgaben behindern und schlechte Noten mit sich bringen. Kurzfristig müßte sich jedoch eine Leistungssteigerung in »Lernfächern« bzw. auch beim Abfragen von begrenztem Stoff (Englisch: Vokabeln, Grammatikübungen usw.) zeigen.

3 a) **Abwechseln zwischen mündlichem und schriftlichem Arbeiten sowie zwischen Sprachen, Mathematik usw.**

b) **So kann man ohne große Ermüdung länger und konzentrierter arbeiten und behält alles besser.**

c) Dabei sollte man auch darauf achten, daß zwischen mechanischer und denkender Arbeit abgewechselt wird. Je gegensätzlicher der Lernstoff, desto besser! Eine »Vermischung« wird so vermieden. Außerdem wird immer ein anderer Teil des Gehirns belastet bzw. kann sich erholen. Im übrigen wirkt Abwechslung belebend. In der Schule wäre es schrecklich langweilig, wenn man an einem Tag z. B. vier Stunden Mathematik hintereinander hätte. Viermal jeweils eine andere Unterrichtsstunde – dies leuchtet jedem Schüler ein – ist schon viel besser. Ähnlich ist es hier zu Hause. Langeweile beim Lernen ist sehr negativ.

4 a) **Zwischendurch immer (kurze) Pausen machen**

b) **Das Gelernte muß sich »setzen«. Es wird so besser behalten und nicht mit anderen Informationen vermischt oder gar ausgelöscht.**

c) Man kann zunächst bei kurzen Lernzeiten (» 3 × 5«) mit einer Minute Pause anfangen und dann später die Kurzpause bis zu fünf Minuten ausdehnen.

Diese Pausen darf man aber nicht benützen, um einen Roman weiterzulesen, fernzusehen usw. Nichts »Intensives« tun, das den Kopf anders ausrichtet und das bisher Gelernte vergessen läßt! Man braucht sonst zu viel Zeit, um in das unterbrochene Lernen überhaupt wieder »reinzukommen«. Die Pause soll nicht der Ablenkung, sondern der Entspannung und Erholung dienen.

Selbst jedem einzelnen Lernschritt muß eine »Pause« folgen, damit keine Überlagerung durch neue Informationen erfolgt. Dabei muß jeder Gedanke bewußt und wiederholt langsam ins Gedächtnis eingeprägt werden; man darf nicht zu schnell vorgehen, vor allem nicht bei ähnlichen Informationen!

Es ist wie beim Malen mit Wasserfarben, wo die Farben ineinanderlaufen und sich vermischen, wenn man sich nicht Zeit läßt.

Wenn es der Stoff erlaubt, soll nie länger als 20 Minuten hintereinander weg für ein Fach gelernt werden. Ein ganzer »Lernblock« sollte 90 Minuten nicht überschreiten. Danach muß man eine längere Pause einlegen. Dabei weg vom »Lernplatz«! Die Entspannung ist dann besser.

Die Länge der Pausen richtet sich nach der vorangegangenen Lernzeit. Grundsätzlich sollten Pausen ein Drittel der Lernzeit betragen. Da aber bereits das erste Drittel der Pause den Großteil der Erholung bringt, kann man bei richtigem Wechsel des

Lernstoffes die eigentlich notwendigen Pausen sogar auf diese Zeitspanne verkürzen und somit nochmals Zeit einsparen, ohne daß eine Überlagerung erfolgt.

Pausen beim Lernen müssen auch langfristig eingeplant werden. Selbst bei großem Fleiß muß man für Ausgleich sorgen. Wie überall kann auch beim Lernen ein Zuviel negativ sein. Man verliert möglicherweise die Lust und hört ganz auf.

Wird eine Pause gemacht, obwohl ein schwieriges Problem noch nicht gelöst ist, so kann man es bewußt unfertig im Gehirn aufhängen mit dem direkten Befehl, die Lösung zu suchen, eventuell über Nacht. Der Erfolg ist manchmal verblüffend! Das Gehirn arbeitet selbständig weiter. Wer hat nicht schon erlebt, daß er irgendeinen Namen vergebens suchte? Später, gelegentlich nach Tagen, meldete sich das Gehirn plötzlich mit der Lösung.

Schüler sollten unbedingt sofort das Lernen abbrechen und eine Pause machen, wenn sie sich dabei erwischen, daß sie immer wieder »träumen«, Männchen, Blumen usw. malen. Die Pause richtet sich hier nach der Art und Stärke der »Lernmüdigkeit«. Gegebenenfalls kann man ohne schlechtes Gewissen auch länger etwas anderes tun, Sport an der frischen Luft treiben, lesen, essen oder auch schlafen.

Ebenso unsinnig ist es weiterzulernen, wenn immer wieder »außerschulische« Gedanken das Lernen behindern. Können diese Gedanken nicht einfach verdrängt werden, so muß man unbedingt versuchen, zuerst diese Störung auszuschalten. Man muß sich mit ihr beschäftigen, das Gehirn beruhigen; dabei kann man sogar direkt mit ihm sprechen und zum Beispiel sagen: »Heute um . . . Uhr ist die Party/ treffe ich mich mit . . . usw. Ich freue mich darauf. Aber jetzt wird noch eine Stunde intensiv gelernt. Ohne Störungen!! O.K.?« Es hilft erstaunlich gut, wenn man regelrecht einen »Vertrag« mit sich selbst abschließt. Ausprobieren!

5 a) **Bei Lernunlust mit einer leichten, schriftlichen Hausaufgabe anfangen**

b) **Viele Schüler kostet es große Überwindung, mit dem Lernen überhaupt anzufangen. Dies hier ist eine gute Möglichkeit, die eigene Trägheit zu überwinden. Hat man erst einmal angefangen, fällt es einem nicht mehr so schwer weiterzuarbeiten.**

c) Besonders während der Pubertät und während der Wachstumsphasen ist dies oft ein fast unüberwindbares Problem. Es ist schlimm: Man weiß, daß man etwas lernen muß, sieht vielleicht sogar den Sinn ein – aber man tut nichts. Manche Schüler sitzen sogar lange Zeit vor dem Schulbuch, sind aber unfähig, es überhaupt aufzuschlagen.

Fängt man mit leichter, schriftlicher Arbeit an, so wird dieses Hindernis besser überwunden. Das Ziel ist erreichbar, man braucht sich nicht zu sehr geistig anzustrengen, da man halb mechanisch arbeiten kann.

Schweren Aufgaben aber nicht grundsätzlich ausweichen! Wer mehr Auftrieb zum Lernen hat, fängt häufig sogar damit an, weil man da noch frisch ist, das große Problem schnell hinter sich bringen will und sich dabei schon auf die leichten Aufgaben freuen kann.

Grundsätzlich ist jedoch auch beim Lernen, wie beim Sport, ein »Aufwärmen« positiv.

6 a) **Sich um die Lösung bemühen, nicht bei der ersten Schwierigkeit aufgeben**

b) **Bei schriftlichen Hausaufgaben mindestens 3 bis 5 Minuten auch dann probieren, wenn die Aufgabe zunächst sehr schwer oder unlösbar erscheint! Selbst wenn man zu keinem Ergebnis kommt, ist der Gewinn immer noch sehr groß, wenn man daran herumgeknobelt hat und dann in der Schule den richtigen Weg zum Ziel erfährt. Alles bleibt besser im Gedächtnis haften, viel besser, als wenn man die Lösung später nur abschreibt oder vom Lehrer erfährt (= »AHA-Effekt«).**

c) Dies ist ein ganz wichtiger Punkt. Nur wer sich wirklich anstrengt, Schwierigkeiten nicht ausweicht, kann besser werden und gute Noten erhalten; das ist wie im Sport, wo man auch nur durch »Muskelkater« seine Leistung steigert. Wenn die Reize zu gering sind, d. h. wenn etwas zu leicht geht, gibt es keinen Fortschritt. Also nicht denkfaul sein! Erst durch »geistigen Muskelkater« tritt eine Verbesserung ein.

Die Zeit, die man für dieses »Probieren« aufwendet, ist wirklich gut angelegt. Am Anfang wird es sicherlich große Überwindung kosten. Aber nicht nachlassen! Nur so tritt eine echte Besserung ein, egal auf welchem Niveau man anfängt. Auch das Gehirn muß und kann trainiert werden, ähnlich den Muskeln beim Sport.

Am besten ist natürlich, wenn ein Schüler von sich aus immer, auch ohne Notenzwang, etwas wirklich verstehen will und nach Lösungen sucht. Lösungen nur zu übernehmen, ohne sie bewußt erarbeitet oder verstanden zu haben, bringt auf die Dauer wenig. Dieses »Wissen-Wollen« wird nicht nur in der Schule benötigt. Ohne diese Grundeinstellung kann man bei den ständigen Neuerungen in Wirtschaft und Technik seine

Position nicht halten, Umschulungen oder gar den heute schon häufig notwendigen Berufswechsel nicht schaffen.

Also Hausaufgaben nicht von Mitschülern abschreiben, jedenfalls nicht, bevor man ernsthaft probiert hat! Ohne eigene Anstrengung soll man auch nie andere fragen (Mitschüler, Eltern, Nachhilfelehrer usw.). Nur wer Hausaufgaben selbständig anfertigt, merkt, was er nicht ganz verstanden hat, wo die Schwierigkeiten liegen. In der Prüfung ist es sonst zu spät. Hausaufgaben ähneln darin Prüfungen sehr, daß hier wie dort eigenständig nach der Lösung gesucht werden muß. Macht man seine Hausaufgaben ohne fremde Hilfe, so ist dies ein gutes Training für den »Ernstfall«.

Ein schwieriges Problem muß man von allen Seiten angehen. Oft hilft es, wenn man sich fragt, was *nicht* verlangt ist. Durch dieses Ausscheiden wird ein Problem immer mehr eingekreist. So wird die Frage erst richtig erfaßt und die Lösung leichter gefunden. Bei schwierigen Hausaufgaben hilft möglicherweise, wenn man bei ähnlichen, bereits verbesserten Übungen nachschaut.

Erst durch dieses Bemühen bleibt alles auch viel besser im Gedächtnis. Deswegen soll man nicht bei den ersten Schwierigkeiten aufgeben, sondern muß sich ihnen stellen, darf ihnen nicht ausweichen. Da wird das Lernen erst wertvoll!

Hartnäckig sein und nicht so schnell aufgeben ist eine äußerst wichtige Eigenschaft im Leben. Häufig siegt nicht der eigentlich Begabtere, sondern derjenige, der am längsten durchhält.

7 a) **In bestimmten Fächern möglichst jeden Tag lernen**

b) **In aufbauenden Fächern (Fremdsprachen usw.) oder in Fächern, in denen man besonders schlecht ist, muß man regelmäßig lernen. Nur dies bringt Sicherheit und langfristig gute Noten.**

c) Selbst wenn keine Hausaufgabe in einem Fach aufgegeben ist oder wenn man dieses Fach nicht am nächsten Tag hat, sollte kurz »5 Minuten« gelernt werden. Man kann die Notizen der letzten Stunde studieren oder eine bereits in der Schule verbesserte Übung wiederholen.

Interessant ist, daß hierbei nicht nur das jeweilige Teilgebiet eingeübt, sondern ohne zusätzlichen Zeitaufwand sehr viel mehr wiederholt und so vor dem Vergessen bewahrt wird. Diese Wirkung haben schon viele erlebt, z. B. beim Hören eines Namens. Man erinnert sich dadurch an ein besonderes Erlebnis, und in Sekundenschnelle wird in unserem Gehirn ein ganzer Film abgespult.

Dieser Effekt sollte beim Lernen genutzt werden. Man liest z. B. ein Stichwort, und sofort wird der ganze Zusammenhang mit vielen Einzelheiten wiederholt. Der Zeitaufwand ist gering, der Gewinn jedoch sehr groß. Voraussetzung ist natürlich, daß man das entsprechende Sachgebiet gut gelernt und den richtigen »Aufhänger«, das richtige Stichwort gefunden hat.

Leider lernen Schüler vielfach erst kurz vor einer Prüfung. Nach diesem ungewohnten Streß sind sie natürlich »erschöpft« und vergönnen sich die »verdiente« Erholung: Sie lernen wieder überhaupt nichts bis kurz vor der nächsten Prüfung. Der weitere Mißerfolg dieser »Saisonarbeiter« ist dadurch schon vorprogrammiert.

8 a) **Nichts aufschieben, alles möglichst sofort machen**

b) **Wer sich daran hält, hat nie das große Problem vor Prüfungen, daß der Stoff plötzlich zu umfangreich ist. Wer gleichmäßig lernt, kann ohne Hetze und ohne Angst in die Prüfung gehen.**

c) Man sollte sich wirklich angewöhnen, alles möglichst sofort zu tun. Der Lernstoff ist jeweils noch gering. Ein Teilgebiet wird leichter und gründlicher gelernt. Man studiert auch gern, weil das Ende abzusehen ist und man sich freut, wenn dieser Stoff aufgearbeitet und beherrscht wird. Man lernt das nächste Mal um so lieber.

Vor allem aber können bei Unklarheiten noch Mitschüler oder Lehrer gefragt werden. Wer erst kurz vor einer Prüfung lernt, steht vor einem Riesenberg von Lernstoff mit vielen ungelösten Fragen. Er lernt nur mit Widerwillen, die Lernleistung ist gering, die Unsicherheit wächst, Angst steigt auf, wirkt sich in der Prüfung aus und verhindert eine gute Note. (Vgl. dazu die Erklärungen zu Gehirn und Gedächtnis!)

Insbesondere aber kommt der Schüler im Unterricht jederzeit leichter mit, paßt deswegen weiterhin besser auf, kann auch den neuen Stoff sicherer anwenden und lernt zu Hause daher wiederum leichter: ein Kreislauf, zweifellos ein positiver!

Das ist wie mit dem Aufräumen: Läßt man jeden Tag ein paar Sachen in seinem Zimmer herumliegen, so betritt man den Raum angesichts des Durcheinanders schon bald nur mehr mit einem unguten Gefühl. Mit wachsendem Mißbehagen sieht man dem Tag entgegen, an dem man doch endlich wieder Ordnung schaffen soll. Macht man aber jeden Tag nur wenige Handgriffe, dann tritt das Problem gleich gar nicht auf, und man fühlt sich stets wohl in seinen vier Wänden.

Also keine Arbeiten für die Schule aufschieben! Man steht

dann nicht mehr andauernd unter Druck, hat weniger Angstgefühle und wird selbstsicherer. In der Freizeit plagt nicht ständig das Gewissen, weil man eigentlich ... Man kann sie vielmehr gelöst genießen. Das ganze Schülerdasein wird erfreulicher; der Schüler – und mit ihm die ganze Familie – lebt unbeschwerter.

9 a) **Wiederholen, wiederholen, wiederholen**

b) **In aufbauenden Fächern mit Grundwissen ist einmaliges Lernen, langfristig gesehen, verschwendete Zeit. Das Gelernte muß durch Wiederholungen auf Dauer gesichert werden.**

c) In einem »Lernfach« kann man nach einer schlechten Note durch entsprechenden Fleiß in der nächsten Prüfung sehr wohl eine gute Leistung erreichen. Nicht so z. B. in einer Fremdsprache. Da muß in der Schlußprüfung der Stoff aus dem ersten Jahr genauso beherrscht werden wie der aus der letzten Stunde.

Schüler, die hier längere Zeit nachlässig gearbeitet haben, fallen oft gerade wegen dieser Fächer durch, obwohl sie anfangs vielleicht gute oder sogar sehr gute Noten hatten.

Zunächst ist auch das Stoffgebiet nicht sehr umfangreich und kann kurzfristig noch bewältigt werden. Lücken in diesen aufbauenden Fächern werden jedoch durch falsches Lernen und durch Vergessen immer größer; oft wird übersehen, daß auch scheinbar Leichtes eingeübt werden muß. Erste schlechte Noten werden als »Ausrutscher« abgetan. In Wahrheit geht es ständig bergab. Der Schüler fällt schließlich durch.

Andererseits werden Schüler, welche die ersten Jahre in einer Fremdsprache richtig gelernt haben, in Oberklassen wegen ihrer guten sprachlichen Grundlagen im allgemeinen weiterhin ohne Prüfungsangst gute Noten schreiben.

Nur regelmäßiges, wiederholendes Lernen bringt Erfolg. Ausdauer ist wichtig. Am Schuljahresanfang haben zwar alle Schüler die besten Vorsätze und arbeiten zunächst fleißig und gewissenhaft. Viele lassen in ihrem Eifer rasch nach. (Dies kann man allein schon an der Heftführung deutlich sehen.)

Selbst wenn man Regeln, Formeln oder Vokabeln gut gelernt hat, muß man sich vornehmen, später nochmals zu wiederholen – und es auch tun! Es soll nie etwas als erledigt »abgehakt« werden. Die Folge wäre, daß das Gelernte vom Gehirn wie eine alte Akte im hintersten Winkel abgelegt und vergessen würde.

Erst durch Wiederholungen in sich vergrößernden Abständen (z. B. 1. 2. 5. 10. 20. Tag ...) wird das Gelernte abgesichert. Man darf nicht zu früh aufhören. Lieber zehnmal zu oft, als einmal zuwenig wiederholen! Man vergißt viel, viel schneller, als allgemein angenommen wird.

Das Grundwissen muß man wie das kleine Einmaleins einüben, so daß es ohne langes Nachdenken gebraucht werden kann, sonst bleiben die Noten immer schlecht. Denn selbst wenn Schüler den neuen Stoff verstanden haben, können sie ihn ohne gutes Grundwissen nicht fehlerfrei anwenden, geraten in Zeitdruck und werden möglicherweise nicht fertig. Die Basis muß gut sein, sonst kann man nur schlecht darauf aufbauen, es besteht immer »Einsturzgefahr«!

Die Denkbahnen müssen eingeschliffen werden. Erst so werden Daten dauerhaft in unserem Gedächtnis verankert. Dieses Einschleifen, Automatisieren, bringt in Prüfungen großen Gewinn. Man kann sich dann auf die wirklichen Probleme, die wichtigen Denkvorgänge konzentrieren und scheitert nicht an »Nebensächlichkeiten«, fehlenden Kleinigkeiten im Grundwissen. Ohne dieses Wissen ist Denken nicht möglich.

Das ständige Wiederholen und Üben ist langweilig? Natürlich gibt es interessantere Dinge. Aber anders geht es nicht. Spitzensportler trainieren auch täglich viele Stunden sehr hart, immer wieder das gleiche, gerade auch »primitive« Grundtechniken (z. B. bei Ballspielen).

»There is no royal road to learning«: Auch Könige müssen lernen = Es ist noch kein Meister vom Himmel gefallen.

10 a) **Nicht zuviel auf einmal wollen, kleine Schritte! Lieber weniger, aber 100%ig**

b) **Arbeitet man zuviel oder zu schnell auf einmal, so wird alles nur oberflächlich gelernt, die einzelnen Informationen kommen durcheinander und bleiben schlecht im Gedächtnis haften.**

c) Die meisten Schüler lernen immer nur kurz vor einer Prüfung. Die Stoffmenge ist entsprechend groß. Beim Versuch, die ganze Stoffülle aufzunehmen, zu verstehen und im Gedächtnis zu behalten, sind die Schüler dann im allgemeinen überfordert. Dabei könnte alles einfacher und leichter sein mit entsprechend positiven Auswirkungen auf die Noten.

Lernt man nur kleine Abschnitte, aber regelmäßig, so ist die Arbeitslust größer, weil das Ziel schnell erreichbar ist.

Diese kleinen Lerneinheiten müssen dann aber besonders intensiv geübt werden. Alles muß 100%ig sitzen, verstanden sein. Ist jedes Detail gut, ist auch das Ganze, das Endergebnis gut. Bei entsprechender Anwendung ergibt das eine gesicherte Endleistung, die wertvoller ist als ein Wissen für den Augenblick, das schnell in kurzer Zeit eingepaukt und nur oberflächlich verstanden wird. Es ist nicht entscheidend, wieviel man gelernt hat, sondern daß man das Gelernte langfristig weiß und anwenden kann.

Wissen muß geordnet und damit abrufbereit im Gedächtnis sein, sonst hat es wenig Sinn.

Es ist wie in einem großen Lagerhaus, in das wahllos und ungeordnet sehr viele Sachen gekippt werden. Will nun jemand etwas daraus haben, so kann ihm meist nur gesagt werden, daß es irgendwo sein muß, aber ... Es wäre reiner Zufall, wenn auf Verlangen etwas gefunden würde.

Anders in einem Lagerhaus mit weniger, aber geordneten

Warenbeständen, wo jede vorhandene Ware sofort gefunden und somit verkauft werden kann.

Man muß sich deshalb Zeit lassen beim Lernen und nicht zuviel auf einmal, sondern gründlich arbeiten. Vor allem darf man nie einfach weiterlernen, wenn der vorhergehende Stoff nicht richtig verstanden ist.

Es ist wie beim Bau eines Turmes aus Bauklötzchen: Jeder einzelne Stein muß richtig sitzen. Ist einer ungenau, unordentlich gesetzt, so stürzt der Turm beim Weiterbauen früher oder später ein, egal wie man sich auch anstrengen mag.

11 a) **Gezielt lernen!**

b) **Nur wer gezielt lernt, verschwendet keine wertvolle Zeit mit Nebensächlichkeiten.**

c) Man darf nicht irgend etwas lernen, nur um sein eigenes Gewissen oder die Eltern zu beruhigen. Je größer die Lücken, um so planvoller muß man vorgehen. Aber was kann man lernen? Dies ist oft ein großes Problem für Schüler, die schlechte Noten haben und das ändern wollen.

Natürlich muß der aktuelle Schulstoff gelernt werden. Darüber hinaus jedoch sollte in aufbauenden Fächern (Fremdsprachen, Mathematik usw.) unbedingt versucht werden, die bestehenden Lücken im Grundwissen zu füllen. Dazu notiert man regelmäßig zu Hause und in der Schule auf einem Extrablatt (das aber nicht verlorengehen darf!) oder auf der letzten Seite eines Heftes des jeweiligen Faches, was Schwierigkeiten bereitet und welche typischen oder grundsätzlichen Fehler man macht. Ebenso muß man die korrigierten Prüfungsarbeiten analysieren. Besonders wichtig ist es dann, den Fachlehrer zu fragen, was an Grundwissen fehlt, was man speziell lernen und üben soll.

Im Lehrbuch sollte man besonders wichtige Übungen (Lehrer sagen dies oft extra!), in Fremdsprachen beispielsweise sogar die Nummer eines Einzelsatzes ankreuzen und die »schwierige« Stelle unterstreichen. Wichtige Stellen lassen sich leichter wiederfinden, wenn sie am Rande mit Bleistift durch Ausrufe- oder Fragezeichen kenntlich gemacht oder direkt im Text deutlich eingekreist bzw. unterstrichen werden.

Fehlerquellen muß man sich besonders bewußt machen, sich direkt befehlen: »Hier das nächste Mal aufpassen!« Man kann sie auch durch ein möglichst abschreckendes Beispiel im Gedächtnis »aufhängen«, z. B.: »I ›become‹ a Schnitzel«. Man wird nie wieder für das deutsche Wort »bekommen« im Englischen »become« verwenden; ähnlich wie man im Deutschen »nämlich« nicht mehr falsch schreibt, wenn man den Spruch im Kopf hat: »Wer ›nämlich‹ mit ›h‹ schreibt, ist dämlich.«

Auch sonstige Bemerkungen und Hinweise der Lehrer sollte man »sammeln«; sie sind oft wichtige Tips für die nächste Prüfung.

Vor Prüfungen sollten Schüler, alleine oder mit (einem) Klassenkameraden, selbst Aufgaben zusammenstellen und dabei möglichst große Schwierigkeiten, »Fallen« einbauen. Beim Ausdenken wird automatisch vieles wiederholt, und alles wird klarer. In der Prüfung erkennt man dann bald, wo die Probleme liegen und wird nicht so sehr von neuen Varianten überrascht und schockiert. Man hat ja ähnliches bereits selbst durchgespielt, eventuell sogar noch viel schwierigere Sachen!

12 a) **Vom Ganzen zum Detail**

b) **Beim Lernen ist sehr wichtig, daß man zunächst herausfindet, worum es eigentlich geht, und dann erst zu den Einzelheiten übergeht. Sonst bleibt alles nur mechanisch gelerntes Detailwissen, das nicht sinnvoll angewandt werden kann.**

c) Es sollte wie in der Zeitung sein: Erst die dicke, große Überschrift, dann eine kurze Zusammenfassung in kleinerem Fettdruck und danach erst der eigentliche, ausführliche Artikel mit vielen Einzelheiten.

Man muß bei jedem Problem versuchen, die Zusammenhänge, den Sinn zu erfassen und sodann alles richtig in ein System einordnen. Wer das Grundprinzip und damit das Lösungsschema eines Problems verstanden hat, kann jede andere, ähnlich gestellte Aufgabe lösen. Wichtig ist aber andererseits, daß man die Übersicht über den Kern der Aufgabe behält und sich nicht gleich an dieses oder jenes Schema klammert.

Natürlich sollte man umfangreiche Stoffgebiete in kleinere Lerneinheiten aufteilen, schwierige Details, Begriffe oder Definitionen eigens lernen und wiederholen, evtl. wie Vokabeln. Aber man darf nie das Ganze, den Sinn aus den Augen verlieren und nicht »ohne Hirn« mechanisch auswendig lernen, sonst ist man immer wieder von seiner Note in Prüfungen sehr enttäuscht. Das passiert häufig Schülern, die plötzlich die große »Wende« wollen und angefangen haben, fleißig zu lernen, leider zunächst aber zu mechanisch. Es bringt meist sehr wenig, wenn man zwar auswendig schreiben kann, was auf Seite 48 oder Seite 57 steht, aber nicht fähig ist, beide Seiten etwa miteinander zu vergleichen, diese Kenntnisse auf eine andere Aufgabe zu übertragen oder damit neue Probleme zu lösen.

Dieses mechanisch angelernte Quizwissen wird in Prüfungen

nur zum Teil verlangt. Es ist auch keine große Denkleistung. Also Denken beim Lernen!

Details müssen zwar intensiv gelernt und eingeübt werden, man darf dabei aber nicht vergessen, wohin dieses Einzelwissen im Ganzen gehört. Es ist wie bei einem Mosaik: Jeder einzelne Stein ist zunächst nichts, alle Steine auf einmal hingeschüttet, ergeben ebensowenig. Nur wenn man sie planvoll setzt, fügt sich daraus am Ende ein Muster zusammen. Wer dessen Aufbau durchschaut hat, den verwirrt es auch nicht, daß man zwischendurch noch gar nicht recht erkennen kann, was es werden soll.

13 a) **Beim Lernen von Geschichte, Erdkunde, Biologie usw. den Stoff durch gegliederte Stichpunkte so aufbereiten, daß man mit eigenen Worten darüber berichten kann**

b) **Man versteht und behält so alles sehr gut und kann sich auch viel besser und länger konzentrieren.**

c) Wichtig sind folgende Punkte:

- Beim Lesen im Lehrbuch muß man nach jedem Abschnitt überlegen, um was es geht, und dann einzelne *Stichpunkte aufschreiben* und dabei für jeden Begriff oder Gedanken eine neue Zeile anfangen. Zugleich sollte man *sich unbedingt sofort nach jedem Punkt »abfragen« und den Inhalt nochmals bestätigend wiederholen.*
  Dies bringt großen Gewinn, egal ob dies laut oder nur in Gedanken geschieht. Man erspart sich dadurch zahlreiche Wiederholungen, und trotzdem bleibt alles langfristig und abrufbereit im Gedächtnis.

- *Möglichst eigene Formulierungen verwenden!*
  Diese prägen sich wesentlich besser ein, als wenn man nur Sätze aus dem Buch übernimmt und dann mechanisch auswendig lernt. Die Wirkung ist auch viel größer, als wenn wichtige Stellen im Buch bloß unterstrichen werden.
  Anfangs mag dies bei entsprechender Denkfaulheit schwerfallen. Aber nur wenn man bewußt mitdenkt und überlegt, was das Ganze eigentlich soll, hat man wirklichen Gewinn. Durch dieses »denkende« Lernen spart man sehr viel Zeit gegenüber einem rein mechanischen Lernen. Man lernt immer besser, Wesentliches von Unwesentlichem zu unterscheiden. Dies ist von größter Bedeutung in Prüfungen und letztlich entscheidend für die Note.

- *Abkürzungen, eigene Zeichen benützen!*
  Diese sparen Platz und Zeit und sind doch sehr aussagekräftig.
  Mögliche Zeichen sind:
  ≈ (ist ungefähr, ähnlich wie)
  > (ist größer/mehr)
  < (ist kleiner/weniger)
  ↔ (aber, im Gegensatz, dagegen ...)
  ↘ (wird kleiner/weniger)
  ↗ (wird größer/mehr)
  = (ist wie, entspricht, genauso wie)
  ≠ (ist nicht wie, anders als, Gegenteil)
  → (führt dazu, vgl ...; daraus folgt ...)
  ← (... hat seine Ursache darin; vgl ...)
  || (verhält sich genauso wie ...; ist vergleichbar mit)

- *Sauber, nicht in Steno schreiben!*
  Das normale Schriftbild eines Fachbegriffes soll wie ein scharfes »Fahndungsfoto« im Gedächtnis sein. Dies ist sehr wichtig: Wie oft schreibt man im Zweifel verschiedene Schreibarten eines Wortes und sucht sich dann, häufig mit Erfolg, die »schönste« aus! Unser Gehirn vergleicht in einem solchen Falle das geschriebene Wort mit dem im Gehirn gespeicherten »Bild« und entscheidet. Wer aber nun kein klares Muster gespeichert hat, sieht natürlich keinen Unterschied. Jedes Wort kann danach richtig sein, so daß man in einer Prüfung bei einem Schreibfehler nicht gewarnt wird.
  Man darf sich nicht selbst durch unsauberes Arbeiten ein Bein stellen. Schon beim Lernen muß darauf geachtet werden, daß das Wortbild sauber im Gedächtnis eingeprägt wird. Diese kleine Mühe lohnt sich!

- *Die Stichpunkte/Begriffe (evtl. Definitionen) einzeln lernen!*

- Sodann *die ganze Gliederung lernen* (= Roter Faden)! Weiß man die Gliederung, erinnert man sich an die Einzelheiten fast wie von selbst.

- *Nach längerer Pause alles nochmals lesen und einprägen!*

- *Zuerst mit Hilfe der Stichpunkte, dann ohne sie den ganzen Zusammenhang jemandem erklären, der davon keine Ahnung hat.* Das kann auch die Katze, der Kanarienvogel oder der Popstar an der Wand sein. Wertvolle Dienste kann hier z. B. auch ein Kassettenrekorder leisten.

Durch dieses Schreiben und Lernen von Stichpunkten und das Berichten mit ihrer Hilfe bleibt alles Wissen geordnet und abrufbereit im Gedächtnis. Wer hat nicht schon einen »Spicker« geschrieben und diesen dann in der Prüfung gar nicht gebraucht, weil er auch so alles wußte?

Diese wenigen Stichpunkte kann man außerdem bei Stundenwechsel in sehr kurzer Zeit nochmals in Ruhe durchlesen und ist damit bestens vorbereitet.

Bei unverhoffter schriftlicher Abfrage darf man die Notizen jedoch nicht offen liegenlassen, sonst kann es als »Abschreiben« gewertet werden! Aber Abschreiben hat man dann gar nicht mehr nötig. Wirklich!

Also nur noch so lernen!

14 a) **Lesen, sprechen und schreiben zur selben Zeit**

b) **Wer beim mündlichen Lernen mehrere »Eingangskanäle« benützt, lernt schneller und behält alles viel länger im Gedächtnis.**

c) Es gibt verschiedene »Lerntypen«. Je nach Typ behält man etwas besser, wenn man es sieht bzw. liest, wenn man es spricht bzw. hört oder wenn man es schreibt.

Manche Menschen lernen gut, wenn sie dabei laut sprechen (vgl. Schauspieler beim Lernen ihrer Rolle!). Auf und ab gehen kann die Wirkung sogar noch verstärken. Auch ein Abwechseln zwischen laut und leise sprechen kann vorteilhaft sein. Selbst »Sprechen« ohne Ton, nur mit Lippenbewegungen oder nur ein »inneres Sprechen« ohne Ton und Lippenbewegungen, ist schon intensiver als bloßes Lernen mit den Augen. Moderne Medien, wie z. B. Kasettenrekorder, können nicht nur bei Diktatübungen mit großem Nutzen eingesetzt werden.

Viele Menschen lernen aber besonders gut und leicht, wenn sie dabei schreiben (etwa 10mal so gut wie durch Hören allein!). Deshalb sollten Schüler immer nur mit Bleistift und Papier neben sich lernen!

Wer viel lernt, aber wenig behält, benützt möglicherweise den falschen Eingangskanal. Da man als Schüler im allgemeinen nicht sicher sein kann, welcher Typ man ist, und die meisten Menschen sowieso Mischtypen sind, sollten beim Lernen möglichst viele Eingangskanäle gleichzeitig oder abwechselnd benützt werden.

15 a) **»Vorlernen«**

b) **Dies ist eine wirkungsvolle Methode, sich auf den neuen Stoff einzustellen. Die Zeitersparnis beim späteren Lernen ist beträchtlich, man versteht und behält alles wesentlich besser.**

c) Nicht sagen: »Auch das noch!« Der Zeitaufwand braucht wirklich nicht groß zu sein, der Gewinn ist in manchen Fächern dennoch erstaunlich. Es ist kein »fauler« Trick, höchstens ein Trick für Faule, die ohne viel Zeitaufwand gute Noten haben wollen. (Schüler, die sehr gute Noten schreiben, arbeiten meist so, oft schon allein aus natürlicher Neugierde!)

Vorlernen im üblichen Sinne ist nicht ohne Nachteile. Hier geht es jedoch darum, eine allgemeine »Ahnung« von kommenden Stoffgebieten zu haben. Einzelheiten sollen nicht vorgelernt werden. Dies kann sogar sehr negativ sein, weil nämlich immer die Gefahr besteht, daß man sich alleine etwas falsch einprägt. Das Vorwissen darf auf keinen Fall dazu verführen, vor der Klasse zu prahlen oder den Lehrer bei der Einführung eines neuen Stoffgebietes vorlaut zu stören.

Der entscheidende Vorteil liegt darin, daß man geistig schon auf den neuen Stoff vorbereitet ist. Wird im Unterricht etwas Neues besprochen, so kann man alles gleich von Anfang an gut aufnehmen und richtig einordnen, und das zu einem Zeitpunkt, da die meisten Mitschüler noch gar nicht wissen, worum es geht. Man sieht und behält auch sofort mehr Einzelheiten und versteht gleich so gut wie sonst erst in der zweiten oder gar dritten Stunde. Ähnliches erlebt man beim Fernsehen, wo man gelegentlich recht lange braucht, bis klar wird, von was der Film handelt. Man findet den Anfang möglicherweise blöde und langweilig. Wer dagegen in einer Vorschau auch nur wenige Zeilen über diesen Film gelesen hat, weiß von Beginn an, worum es geht und übersieht auch nicht die vielen wichtigen Einzelheiten, die er sonst nicht beachtet hätte.

In der Schule erklärt der Lehrer bei der Einführung eines neuen Problems zwar besonders ausführlich, aber leider geht vieles dabei an den Schülern vorbei, weil sie unvorbereitet sind. Nicht so bei einem Schüler, der »vorgelernt«, »die Vorschau gelesen hat«.

Interessant ist, daß Schüler, die »vorlernen«, nach einiger Zeit allgemein schneller begreifen. Sie haben nämlich durch ihr selbständiges Erarbeiten von neuen Stoffgebieten ihr Gehirn bestens trainiert, fremde Probleme und Zusammenhänge zu erkennen. Dies ist auch ein sehr großer Vorteil in jeder Prüfung.

Schüler, die gelegentlich »vorlernen«, gehen sehr, sehr sparsam mit ihrem Vorwissen um: »Lehrer und Mitschüler brauchen nichts davon zu merken. Anderenfalls geht ein großer psychologischer Vorteil verloren: Wer so vorbereitet ist, erweckt bei diesem oder jenem Lehrer den Eindruck eines besonders interessierten und intelligenten Schülers, weil er neuen Stoff ›schnell versteht‹, meist besser und schneller als die übrigen Schüler. Lehrer sind diesem Schüler gegenüber positiv eingestellt.«

»Vorlernen« ist natürlich nicht immer möglich. Vor allem darf es nicht dazu verführen, in der Schule weniger gut aufzupassen. Wenn es sich aber vom Stoff her anbietet, soll man das »Vorlernen« unbedingt anwenden. Es bringt großen Erfolg.

16 a) **Notizen machen und geordnet sammeln**

b) **Die besten Gedanken und Ideen kommen oft unverhofft. Leider werden sie auch wieder schnell vergessen, wenn sie nicht sofort aufgeschrieben werden.**

c) Deshalb sollte sich jeder Schüler angewöhnen, Papier und Schreibzeug bei der Hand zu haben. Dies ist vor allem dann wichtig, wenn ein Aufsatz, eine Facharbeit oder ein Vortrag anzufertigen sind.

Wer sich intensiv mit einer Sache auseinandersetzt, wird immer wieder feststellen, daß sich das Gehirn auch dann damit beschäftigt, wenn er eigentlich etwas ganz anderes tut. Es meldet sich plötzlich mit einer neuen Idee. Ein Gedanke ergibt schnell den anderen. Es ist wie eine Quelle, die, ist sie einmal freigelegt, von alleine wiedersprudelt. Das Thema wird dabei immer klarer.

Aus diesem Grunde haben Leute, die sehr viel geistig arbeiten, stets ein Notizbuch bei sich; selbst am Nachtkästchen liegen Papier und Schreibzeug.

Ist nun ein Vortrag anzufertigen, ein Aufsatz zu schreiben, so muß man die Einzelgedanken sammeln. Einfach, billig und praktisch sind hier einzelne, lose Blätter (kariert, DIN A 5). Diese kann man bis zur »Reinschrift« immer wieder in kleinen Abschnitten umschreiben oder neu ordnen und gliedern. Damit dies auch funktioniert, müssen die einzelnen Blätter nach einer vorläufigen Gliederung oben rechts deutlich mit Buchstaben und Zahlen gekennzeichnet und durchnumeriert werden, z. B. A – A 1 – A 1 a) – A 1 b) . . . A 2 . . . B – B 1 . . . oder z. B. 1 – 1.1 – 1.2 – 1.2.1 – 1.2.2 – 2 – 2.1 . . .

Für jeden einzelnen Gedanken bzw. Gliederungspunkt sollte man einen extra Zettel verwenden (auch wenn es nur ein oder zwei Sätze sind) und dabei nur die Vorderseite beschreiben.

Auf diese Weise kann man ohne umständlich umblättern zu müssen, ganze Teile austauschen oder neu gliedern. Schreibt man auf großen Blättern wie üblich fortlaufend, besteht immer das Problem, daß durch Verbesserungen, Einschübe, Pfeile, Sternchen, Nummern usw. alles so unübersichtlich wird, daß das Ganze zwischendurch neu geschrieben werden muß, weil man sich nicht mehr auskennt. Eine große Zeitverschwendung!

17 a) **Feste Arbeitszeiten einführen**

b) **Wer täglich zu festgesetzten Zeiten lernt, braucht sich nicht jedesmal von neuem zu überwinden, überhaupt anzufangen; er lernt somit regelmäßiger und mehr.**

c) Viele Schüler sehen zwar ein, daß man lernen muß, um gute Noten zu erhalten, können sich aber nur schwer aufraffen, dies auch zu tun. Mit fester Arbeitszeit gelingt es leichter. Bereits nach kurzer Zeit gewöhnt man sich daran.

Als Beruf gibt man doch »Schüler« an. Im Berufsleben muß man auch feste Stunden am Arbeitsplatz sein, egal ob die Sonne scheint oder nicht. Natürlich ist zunächst vielfach alles andere wichtiger als Lernen. Aber die Zeit vergeht so schnell! Jeder, ohne Ausnahme, bereut es früher oder später, wenn er die Zeit nicht richtig ausgenützt, nicht genügend gelernt hat. Schon kurz nach Eintritt ins Berufsleben sagen viele frühere Schüler immer wieder, daß sie nicht in der Schule gescheitert, ja sogar sehr gute Schüler gewesen wären, wenn sie nur annähernd so viel und genau gearbeitet hätten, wie sie es jetzt müßten. (Wer dies nicht tun würde, wäre heute sehr schnell wieder entlassen!)

Wann man am besten lernt, kann individuell sehr verschieden sein. Dies muß jeder selbst herausfinden. Zunächst muß man aber wissen, wann überhaupt noch Zeit zur Verfügung steht. Auf einem Zeitband (siehe S. 48) trägt man alle festliegenden, außerschulischen Aktivitäten ein, wie Sporttraining, Musikstunden usw., am Wochenende auch Wettkämpfe, Reisen, Besuche, Disco. Man wird überrascht feststellen, daß gar nicht mehr viel Zeit übrigbleibt. Möglicherweise ist selbst davon nicht jede Uhrzeit günstig. (Negative Einflüsse durch äußere Störungen am Arbeitsplatz usw.) Notfalls müssen außerschulische Aktivitäten zurückgestellt werden, zumindest zwischenzeitlich, bis eine Notenverbesserung eingetreten und gesichert

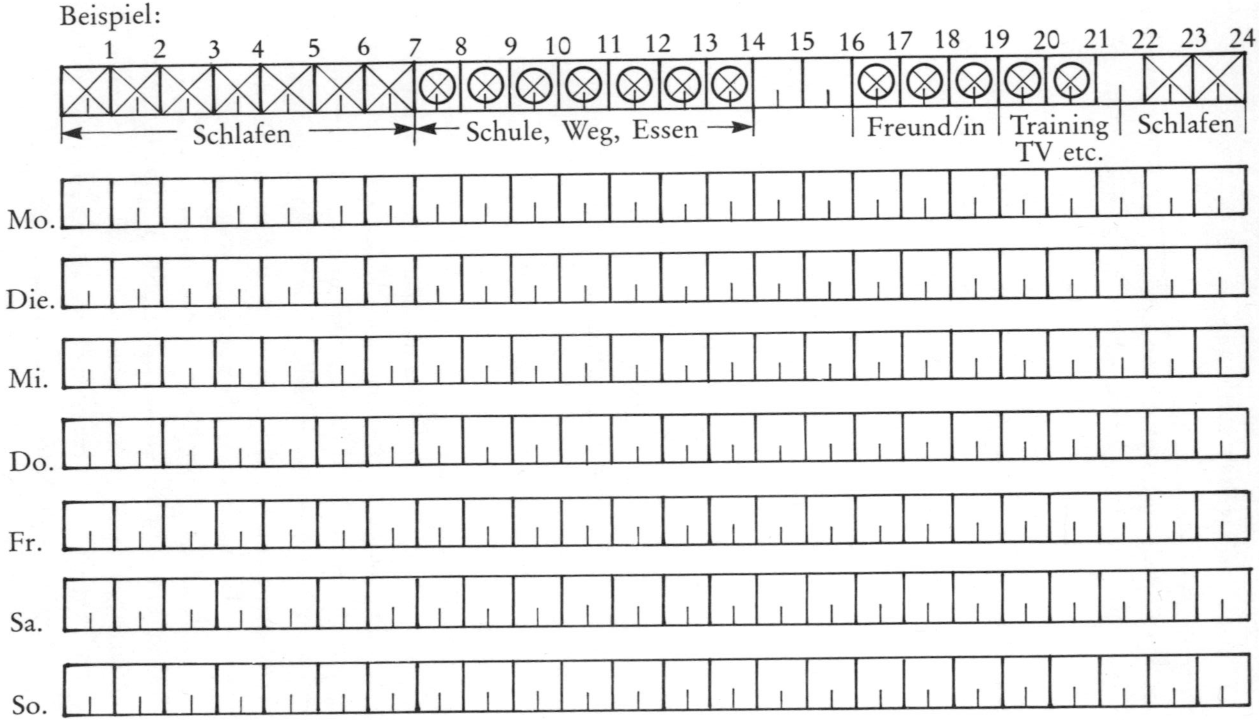
Beispiel:
1 2 3 4 5 6 7 8 9 10 11 12 13 14 15 16 17 18 19 20 21 22 23 24
Schlafen
Schule, Weg, Essen
Freund/in
Training TV etc.
Schlafen
Mo.
Die.
Mi.
Do.
Fr.
Sa.
So.

ist. Ob man nun z. B. von 14 bis 16 Uhr oder von 16 bis 18 Uhr lernt, ist nicht so sehr entscheidend. Ein allgemeines Leistungstief liegt zwar gegen 15 Uhr vor, viele Schüler lernen jedoch mit viel Erfolg von 14 bis 17 Uhr. Sie haben dann den Abend frei und werden später nicht so sehr durch das »regere« Familienleben, TV-Sendungen usw. vom Lernen abgelenkt.

Die Gesamtlernzeit ist je nach Altersstufe und Schulart unterschiedlich. Dabei sollte die einzelne Arbeitseinheit beim mündlichen Lernen nicht länger als 20 Minuten (z. B. »3 × 5« + Pausen), ein Lernblock nicht länger als 90 Minuten sein (daher zwei Unterrichtsstunden und danach eine Pause an den meisten Schulen!). Die festgesetzte Arbeitszeit muß man dann aber auch einhalten und intensiv nutzen. Keine Ausreden suchen oder gelten lassen, keine »einmaligen« Ausnahmen! Man gewöhnt sich so recht schnell an regelmäßiges Lernen und findet sich hinein. Es wird Bestandteil des Tagesrhythmus wie Essen und Schlafen, es wird zur REGEL.

Willensstarke Schüler könnten auch mit einer gleitenden Arbeitszeit lernen, d. h. täglich beispielsweise 90 Minuten reine Arbeitszeit veranschlagen, diese jedoch so aufteilen, wie es das private »Restprogramm« zuläßt. Das ist aber nur sehr schwer einzuhalten und deshalb nicht zu empfehlen. Es kommt immer wieder etwas dazwischen, man wird aufgehalten. Und man läßt sich zu gerne abhalten! Es ist auch fast unmöglich, sich von einer schönen Freizeitbeschäftigung loszureißen, um sein »Pensum« zu erfüllen. Man schiebt dann zu leicht etwas auf,

◀

Zeitband: Für jeden Tag (auch am Wochenende!) ein solches Zeitband anlegen und die fest verplante Zeit eventuell farblich von möglicher Lernzeit abgrenzen!

nimmt sich vor, dafür das nächste Mal doppelt so viel zu lernen usw. Aber meist bleibt es dabei, und dann ist die Prüfung wieder da, ohne daß man sich in Ruhe gut vorbereitet hätte. Wer die Arbeitszeit nach seinen Freizeitbeschäftigungen einplant, ist auch geistig so auf seine Hobbys ausgerichtet, daß das Lernen dadurch grundsätzlich behindert wird.

Also unbedingt feste Arbeitszeiten einführen! Wer bisher »nichts« getan hat, sollte zunächst mit einer kurzen Studierzeit anfangen und diese erst nach und nach steigern.

Man muß auf alle Fälle bei der Festlegung seiner Arbeitszeit beachten, daß nach einem guten Essen, nach großen körperlichen Anstrengungen, auch nach dem Baden an einem sonnigen Tag nicht gut gelernt wird. Körperlich arbeitende Erwachsene sind schließlich abends auch kaum mehr fähig, etwas geistig zu tun (ein Buch lesen o. ä.) und schlafen oft genug beim spannendsten TV-Krimi ein.

Auch wer feste Arbeitszeiten angesetzt hat, kann noch viel Zeit verlieren, durch Telefonate oder Besuche von Freunden etwa. Ihnen sollte man am besten gleich sagen, daß man zu bestimmten Stunden, zwischen 14 und 17 Uhr z. B., keine Zeit hat, weil man lernen will oder muß. Aber um 17.30 Uhr . . . Die Freunde gewöhnen sich schnell daran, daß in dieser Zeit »nichts geht«.

18 a) **Kurzzeitwecker verwenden**

b) **Als sehr wirkungsvoll zur Verbesserung der Konzentration und des Arbeitstempos hat sich eine »Eieruhr«, ein Kurzzeitwecker erwiesen.**

c) Man stellt die vorgesehene Arbeitszeit ein. Beim »Läuten« soll grundsätzlich das Lernen abgebrochen werden. Dies mag zunächst negativ erscheinen, langfristig überwiegen jedoch die Vorteile.

Schüler können sich meist nur kurze Zeit konzentrieren. Stundenlang studieren zu wollen, ist sinnlose Zeitvergeudung und führt zu Ermüdung, Langeweile und Abneigung gegen das Lernen.

Durch den Wecker wird man aus seinen »Träumen« gerissen, öfter als man glaubt, selbst wenn man ihn auch nur auf fünf Minuten eingestellt hat. Anfangs wird in der vorgesehenen Zeit häufig überraschend wenig geschafft. Aber das verbessert sich sehr schnell. Man muß nur konsequent bleiben und wirklich abbrechen und sich überlegen, warum so wenig geleistet wurde. Im allgemeinen könnten die meisten Schüler in wesentlich kürzerer Frist die vorgenommene Aufgabe erledigen, ohne daß die Qualität darunter leidet. Sie sind viel zu langsam im Denken und bei der Ausführung. Das Lernen darf natürlich nicht zu oberflächlicher Hast ausarten. Mit Wecker gewöhnt man sich daran, trotz aller Genauigkeit immer schneller zu arbeiten, so daß man schließlich auch in einer Prüfung Sorgfalt und Tempo zu verbinden weiß.

Wer sich beim Lernen für eine Arbeit jeweils eine bestimmte Frist vornimmt, bekommt auch ein gutes Zeitgefühl für Prüfungen, ähnlich einem 5000-m-Läufer, der dies durch viele Trainingsläufe mit der Stoppuhr erreicht. Ein solcher Schüler wird dann kaum zu viel Zeit an eine an sich kurze Aufgabe verschwenden.

So lernt man, in der Prüfungssituation schneller von einem Problem auf ein anderes umzuschalten und gewinnt wichtige Minuten für schwierige Fälle sowie für die genaue Überprüfung der Arbeit.

Wer einen Kurzzeitwecker hat, der laut tickt, mag das als störend empfinden. Andererseits ist selbst dies ein gutes »Wettkampftraining«, besonders für ängstliche Schüler. In der Prüfung ist man immer in Sorge, nicht fertig zu werden. Durch das laute, »mahnende« Ticken gewöhnt man sich an den Zeitdruck, wird abgehärtet und hat in der Prüfung keine (so große) Angst mehr, die doch so lähmend auf die Leistung einwirkt.

19 a) **Plan aufstellen**

b) **Nur wer sein Lernen kurz- und langfristig plant, kann gezielt und sinnvoll ohne Umwege und Zeitverlust lernen. Prüfungen sind kein Schrecken mehr. Man steht nicht wie so oft kurz vor der Prüfung unter Zeitdruck, hat in der Prüfung weniger Angst und kann so viel wirkungsvoller sein Wissen einbringen.**

c) Bevor Schüler mit dem Lernen beginnen, sollten sie Schwerpunkte setzen, je nachdem, ob sie eine Schulaufgabe, Stegreifaufgabe oder mündliches Ausfragen vor sich haben oder erwarten.

Es braucht sich aber nun niemand stundenlang mit der Aufstellung von Plänen zu beschäftigen. Einige Stichpunkte beim Lesen des Stundenplanes für den nächsten Tag genügen.

Aber vor einer Schulaufgabe nicht nur in diesem Fach lernen! Im Gegenteil: Wer gleichmäßig geübt hat, sollte am Tag vor der Prüfung nicht mehr zu viel arbeiten. Wer mit System lernt, hat das nicht nötig! Mit Gewalt erreicht man meist nur das Gegenteil. Das letzte große Lernen sollte spätestens zwei Tage vorher sein. Nur so kann man bei größeren Prüfungen das Gelernte auch abrufen. Wer kurzfristig am Tag vor der Prüfung intensiv paukt, möglicherweise noch unter Zeitdruck und Angst, weil er vorher zu wenig getan hat, weiß vielleicht alles an diesem Tag; am nächsten Tag, dem Tag der Prüfung, weiß er jedoch gar nichts, nichts fällt ihm mehr ein.

Am Tag vor einem 10 000-m-Wettbewerb läuft auch niemand die ganze Strecke, um zu sehen, in welcher Zeit er sie schafft. Dies ist sinnlos, selbst für einen Sportler, der viel und gleichmäßig trainiert hat. Ein leichtes »Aufwärmen« genügt ihm.

Hat sich ein Schüler bis zum letzten Tag »geschont«, so muß er wohl etwas tun, aber sehr aussichtsreich ist das nicht. Am besten ist es dann noch, eine gezielte Auswahl zu treffen unter all dem Lernstoff; vielleicht hat man damit halbwegs Glück.

Natürlich bleibt auf Grund des Stundenplanes oft gar nichts anderes übrig, als daß am Tag vorher für ein Fach gelernt wird. Im Hinblick auf Schulaufgaben ist es aber wesentlich, regelmäßig und ohne Zeitdruck zu arbeiten.

Für langfristige Planungen wäre ein Terminkalender, wie es ihn oft kostenlos bei Firmen, Sparkassen und Banken gibt, sehr praktisch. Darin kann man neben den festen Prüfungsterminen auch immer gleich mögliche »Gefahren« (Abfragen, Stegreifaufgaben usw.) notieren.

Für die einzelnen Fächer (Fremdsprachen, Mathematik, Chemie usw.) sollte man den Prüfungsstoff sinnvoll auf die verschiedenen Tage bzw. Wochen aufteilen. Dabei muß bedacht werden, daß trotz bester Planung meist ein Drittel der eingeplanten Arbeitsstunden abgeht. Es kommt immer wieder etwas dazwischen, obwohl schon Reisen, Besuche bei Verwandten, Geburtstagsfeiern, Sportfeste usw. berücksichtigt wurden. Also »Luft« lassen in der Planung, sonst kommt es doch noch zu dem lernhemmenden Zeitdruck, den man ja gerade vermeiden wollte.

Für Hausaufsatz, Vortrag, Facharbeit usw. setzt man sich deshalb am besten einen »Endtermin«, der vor dem »Abgabetermin« liegt und fängt vor allem möglichst frühzeitig an. Man darf sich nicht sagen: »Bis zu diesem Termin ist ja noch sooo viel Zeit!« Sicherlich erscheint die Spanne oft recht lang, sie ist es aber nicht. Die Lehrer, welche die umfangreichere Hausaufgabe gegeben haben, wissen sehr wohl, daß bei gründlicher Arbeit diese Zeit auch wirklich gebraucht wird. Sonst könnten sie den Termin ja gleich früher setzen!

Es dauert allein schon sehr lange, bis man notwendige Bücher und Unterlagen bekommt, meist wesentlich länger, als man glaubt. Gelesen und geprüft müssen diese sodann auch noch werden! Gedanken und Ideen brauchen ebenfalls ihre Zeit, bis sie ausgegoren und geordnet sind.

Man sollte auch sehr langfristige Ziele wie zum Beispiel die Schlußprüfung im Auge behalten. Die ganze Schulzeit kann als Marathonlauf angesehen werden. Es bringt nichts, im Sprint wie ein 100-m-Läufer anzufangen. Es wäre aber auch völlig verfehlt zu hoffen, nach vielen Kilometern im Bummeltempo könne man mit einem Schlußspurt noch das ganze Feld aufrollen. Nur wer gleichmäßig und mit Selbstüberwindung läuft, hat Aussicht, mit den Ersten ins Ziel zu kommen. Er läßt dabei viele hinter sich, die nicht so stetig nach Plan gelaufen und durch ständige Tempowechsel außer Tritt geraten sind.

20 a) **Ein Ziel, etwa eine Prüfung oder den Schulabschluß, direkt, ohne Umwege ansteuern**

b) **Nur wer bewußt alles tut, was ihn dem gesteckten Ziel näherbringt, wird in möglichst kurzer Zeit dieses auch erreichen.**

c) »You can't have the cake *and* eat it« – Man kann nicht beides haben: einen vollen Bauch *und* einen vollen Teller.

Viele Schüler, die wenig lernen und schlechte Noten haben, sind oft bereit, für relativ wenig Geld nebenbei hart zu »jobben«. Ihr Nebenverdienst kann aber sehr leicht zu einem »Negativ«-Verdienst werden. Diese Schüler übersehen nämlich eines: Würden sie dieselbe Zeit für die schulische Arbeit verwenden und so ein Scheitern am Ende des Jahres vermeiden, dann könnten sie für die zusätzlich mit Lernen verbrachten Stunden Lohngelder einstreichen, die zigfach höher sind als das, was ihnen zunächst entgangen ist. Wie das?

Durchfallen bedeutet schließlich ein Jahr später Geld verdienen. Der Verlust ist also ein ganzer Jahresverdienst! Schafft man gar das Abschlußzeugnis nicht, so bedeutet dies häufig eine schlechtere Stelle mit geringerer Bezahlung. Umgerechnet auf die Lebensarbeitszeit ergibt das eine Riesensumme!

Intensive Arbeit für die Schule kann daher sehr viel Geld bedeuten, der Stundenlohn des Schülers ist in diesem Fall sehr hoch. Sollte dies nicht ein Anreiz sein?

Übrigens wird später im Leben im allgemeinen der angesehener sein, der beruflich viel leistet. Sportliche Erfolge aus der Jugendzeit z. B., so schön und bedeutend sie auch waren, interessieren niemanden. Hat man deswegen schulische, berufliche oder gar gesundheitliche Nachteile, gibt einem kein ehemaliger Freund, kein Trainer, kein Funktionär etwas dafür . . .

21 a) **Ein »Logbuch« führen**

b) **Man weiß, was und wieviel man jeden Tag gelernt hat, vermeidet so leichter, stundenlang vor Schulbüchern zu sitzen, ohne wirklich gelernt zu haben, und überlistet sich selbst zu konzentriertem Lernen.**

c) In einem Heft oder Geheft mit Rand – aber nicht auf losen Blättern – wird täglich alles, was man lernt und arbeitet (außer schriftlichen Hausaufgaben), nacheinander eingetragen. Ähnliches geschieht im Logbuch auf einem Schiff, worin jeder Kurs und jedes Vorkommnis in genauer zeitlicher Folge vermerkt wird und später jederzeit nachgelesen und überprüft werden kann. Die reine Lernzeit wird am Rande notiert.

Beispiel: *Die*(nstag), *21. 03.*

1) *E*	H	14.30–14.45	15
2) *M*	H	14.47–15.05	18
3) *E*	Voc.	15.08–15.13	5
	i*mm*édiately, i*mm*ediately, i*mm*ediately		
	curiósity, curiósity, ↔ cúri*ou*s, . . .		
	. . . .		
4) *D*	H	15.15–15.35	20
	– – – – *Pause* (15 Min.) – – – –		
5) *G*	S. 17	15.50–16.05	15
	Reformation:		
	Luther (D)		
	Zwingli (CH)		
	Calvin (Schottl.) . . . (↔ Henry VIII.!)		
6) *M*	85/3c	16.07–16.15	8
	$4x^2 - 28xy + 49 = \ldots$		
7) usw.			19
		(Reine Lernzeit)	100 Min

Am Rand kann man Besonderheiten durch ein rotes Kreuz und dgl. kennzeichnen oder direkt im »Text« rot einkreisen, ruhig kräftig und groß! Das Logbuch braucht kein Schönschreibheft zu sein. Diese Punkte muß man auch noch nach Monaten gezielt überprüfen bzw. wiederholen können. Logbücher sollten also nicht gleich wie »Schmierblätter« weggeworfen werden.

Das Logbuch ist nicht nur ein Nachweis für sich, sondern auch für die Eltern. Positiv ist, wenn jemand, Eltern oder Geschwister, z. B. einen Begriff aus dem Logbuch herausgreift und sich diesen erklären läßt. Diese Person braucht von der Sache gar nichts zu verstehen. Entscheidend ist nur, daß man selbst etwas unter »Wettkampfbedingungen« erklären muß, d. h. laut sprechen, genau formulieren, logisch und verständlich, wobei alles noch erheblich erschwert wird, wenn man steht. So merkt es jeder selbst sehr schnell, falls etwas noch nicht richtig »sitzt«. Außerdem kommt es durch dieses »Training« in der Schule nicht so leicht zu einer Blockade, wenn man an der Tafel stehend ausgefragt wird.

Dieses Logbuch ist keine Zeitverschwendung, keine unsinnige Spielerei. Es ist ohne großen Aufwand zu führen. Man sieht selbst seine »Leistung« und freut sich darüber, was ein wertvoller Anreiz sein kann, das vorgenommene Ziel weiter zu verfolgen. Am Lernerfolg und der aufgewendeten Zeit sieht man eventuell, daß noch etwas geändert werden muß.

Später ist dieses »große« Logbuch nicht mehr so notwendig. Wichtig zur Selbstüberprüfung wäre jedoch, sich die reinen Lernzeiten aufzuschreiben. Man »betrügt« sich sonst zu leicht selbst! Für die einzelnen Fächer, speziell aber für Fremdsprachen, soll man dann jeweils ein eigenes Übungs*heft* führen. Versuche haben gezeigt, daß dieses Logbuch, wenn es einmal übernommen wird (auch gegen eigene Überzeugung!), große Leistungsverbesserungen und diszipliniertes Lernen mit sich bringt. Es geht ein gesunder »Zwang« davon aus. Man darf nicht auf die Lust zum Lernen warten. Wer darauf wartet, wartet meist vergebens. Also: Das Logbuch ausprobieren, vor allem dann, wenn man keine »Lust« zum Lernen hat!

22 a) **Beim Lernen für gute äußere Umstände sorgen**

b) **Die äußeren Umstände sind sehr wichtig. Sie beeinflussen in großem Ausmaß die Lernleistung in positiver bzw. negativer Weise.**

c) Lernen sollte man in angenehmer Umgebung, aber ohne äußere Ablenkung, also möglichst alleine im Zimmer, ohne Lärm, ohne Radio usw.

Viele Schüler wollen auf Musikbegleitung nicht verzichten und behaupten, mit Musik könnten sie besser lernen. Bei (halb)mechanischen, schriftlichen Arbeiten wie beispielsweise Abschreiben oder einfache Einsetzübungen mag dies zutreffen, ähnlich wie in der Fabrik, wo am Fließband besser gearbeitet werden soll. Dies trifft jedoch nicht zu bei mündlichem Lernen oder bei schriftlichen Arbeiten, bei denen man Gedanken formulieren muß.

Es kommt sicherlich auch auf die Art und Lautstärke der Musik an. In jedem Fall sind jedoch Musikstücke lernhemmend, die durch eine »starke« Melodie, einen interessanten Text oder einen ausgeprägten Rhythmus das Gehirn unbewußt in Beschlag nehmen. Ist z. B. das Radio an, so wird man zu leicht immer wieder durch Ansagen oder durch ein bestimmtes Lied abgelenkt. (Man dreht sogar lauter!) Der Lernprozeß wird dadurch unterbrochen. Man verliert auf jeden Fall Zeit.

Wenn jedoch ein Schüler ohne Musik nicht lernen »kann« (= nicht mag), so ist es besser, er lernt mit Musik, als gar nicht. Es müßte aber dann eine angenehme, unaufdringliche und ganz leise Musik im Hintergrund sein. Bei »denkendem« Lernen sollte man sich allerdings angewöhnen, die Musik abzuschalten.

Weitere wichtige Punkte sind richtiges Licht, angenehme Temperatur, gute Luft und der richtige Stuhl und Tisch. Eine aufgeräumte Arbeitsfläche und eine Umgebung, die das Auge nicht mit lauter Einzelheiten in Beschlag nimmt, lassen dem Kopf die nötige Ruhe. Auch sollte kein angefangener Roman in Sichtweite sein, der zum Weiterlesen verführen könnte.

Günstig ist, wenn man einen bestimmten Platz hat, an dem man nichts anderes macht als lernen, d. h. möglichst nicht an einem Platz arbeiten, an dem man sonst fernsieht, Illustrierte liest usw. Das Gehirn muß wissen: »Hier wird nur gelernt!« Andernfalls stören zu leicht fremde Gedanken und lenken ab: Das Lernen fällt sehr, sehr schwer.

Vor Beginn des Lernens muß man überlegen, was alles an Arbeitsmaterialien gebraucht wird, und diese dann geordnet zurechtlegen. Sind Computer, Wörterbücher etc. weiter weg, eventuell sogar in einem anderen Raum, so verliert man Zeit durch Holen, Suchen usw., wobei man unterwegs allzu leicht von »interessanten« Dingen abgelenkt wird. Der Stundenplan, ebenso der Terminkalender, müssen immer zur Hand sein.

Nicht alle Schüler haben jedoch zu Hause ideale Arbeitsbedingungen. Oft müssen sie sich mit beengten Wohnverhältnissen, Störungen durch Geschwister, Lärm von der Straße oder einer Baustelle usw. abfinden. Wer kein eigenes Zimmer hat, sollte versuchen, irgendwo in der Wohnung einen möglichst ruhigen Winkel zu finden und diesen als Studierplatz verwenden. Vielleicht kann man sich innerhalb der Familie absprechen, so daß man während einer bestimmten Zeit weniger gestört wird. Lärm kann man durch Ohropax o. ä. verringern.

Aber auch mit sehr schwierigen Umständen muß ein Schüler gelegentlich fertig werden. Wer sich da durchbeißt, lernt besonders gut, sich auch unter widrigen Umständen voll zu konzentrieren und gute Leistungen zu vollbringen, wo andere versagen.

23 a) **Die Arbeitsmaterialien immer ordentlich bereithalten**

b) **Man verliert sonst sehr viel Zeit, oft gerade dann, wenn man sowieso in Zeitnot ist.**

c) Die Hefte und Bücher sollten, nach Fächern getrennt, farblich verschieden eingebunden werden. So verliert man keine Zeit durch langes Suchen und nimmt auch nicht die verkehrten Hefte und Bücher in die Schule mit.

Vorteilhaft ist, wenn man überall eine feste Ordnung einführt und auch einhält. Alles muß seinen Stammplatz haben. Ein Tick? Nicht für Leute, die ihr ganzes Leben auf der Suche nach irgendwelchen Sachen sind, nach Schlüsseln oder Brillen z. B., und deswegen nie richtig zum eigentlichen Arbeiten kommen.

Gut ist, wenn man Arbeitsblätter immer sofort nach Erhalt numeriert und nach Fächern und Sachgebieten einordnet. Mit Ordnern darf nicht gegeizt werden; es ist besser, man hat einen zuviel als einen zuwenig. Keine fliegenden Blätter! Schon nach kurzer Zeit häuft sich sonst so viel an, daß man in der Unordnung kaum mehr etwas findet.

Wörterbücher, Lexikon und Atlas sollten ihren festen Platz in Reichweite haben. Diese aber auch benützen, dazu sind sie da! Man muß lernen, wo und wie man etwas findet. Dies ist später im Leben äußerst nützlich. Alles kann man nicht im Kopf haben; um so wichtiger ist der richtige Umgang mit Nachschlagewerken.

Die Schultasche sollte man am Tag vorher nach Stundenplan packen und dabei Lineal, Zirkel, Computer, Sportsachen usw. nicht vergessen. Ihr Fehlen kann viel Ärger bereiten. Wer hier schlampt, bringt auch sonst meist keine guten Leistungen!

In der Schule

Viele Schüler nehmen den Unterricht in der Schule nicht ernst genug und verlassen sich hauptsächlich auf ihren häuslichen Fleiß, die Hilfe von Eltern oder auch Nachhilfelehrern. Leider genügt das meist nicht, die Noten sind schlecht.

Dabei könnten Schüler sich die Arbeit zu Hause ganz erheblich erleichtern und ihre Leistungen durch richtiges Verhalten in der Schule steigern.

Worauf kommt es da aber an?

24 a) **Im Unterricht den Gedankengängen des Lehrers folgen**

b) **Wer in der Schule öfter nicht aufpaßt, schaltet schnell ganz ab und bekommt nichts mehr mit. Dies kann man zu Hause selbst unter großen Anstrengungen mit beträchtlichem Zeitaufwand oder mit Nachhilfe kaum ausgleichen.**

c) Das ist ganz ähnlich wie beim Steherrennen im Radsport, wo ein Fahrradfahrer im Windschatten seines Partners auf dem Motorrad ohne Anstrengung 70 km/h fahren kann. Verliert er aber den Anschluß, gerät er aus dem Windschatten seines »Schrittmachers«, so fällt er sofort sehr weit zurück und wird von den anderen Fahrern trotz größter Anstrengungen leicht überholt. Erst wenn er den Anschluß an seinen »Führer« gefunden hat, kann er wieder so schnell fahren wie die anderen.

Schüler erfahren dies auch nach einer Krankheit von nur wenigen Tagen. In einigen Fächern haben sie sofort Schwierigkeiten mitzukommen und große Probleme, den »Anschluß« zu finden, den versäumten Stoff nachzuholen.

Natürlich ist es schwer bis unmöglich, fünf, sechs Unterrichtsstunden oder gar mehr voll konzentriert aufzupassen. Dies wird normalerweise auch gar nicht verlangt; es gibt fast in jeder Stunde auch Zeiten der Entspannung. Aber man muß sich ernsthaft bemühen, aktiv zuzuhören, d. h. *man muß versuchen, Informationen bewußt im Gedächtnis zu verankern, indem man, in Gedanken leise »mitsprechend«, Aussagen, Regeln, Besonderheiten bestätigend wiederholt,* ohne Ablenkung, *immer wieder,* auch wenn man glaubt, alles schon sehr gut verstanden zu haben, auch bei der zwanzigsten Wiederholung des Lehrers! Es kann nicht oft genug sein. Die guten Schüler machen dies immer so.

25 a) **Fragen stellen**

b) **Wer etwas nicht (ganz) verstanden hat, sollte unbedingt versuchen, durch gezielte Fragen die bestehenden Unklarheiten zu beseitigen. Nur so kann der folgende Stoff richtig verstanden werden.**

c) Wer solche Fragen stellt, zeigt, daß er intelligent ist. Nur Dumme fragen nicht.

Es ist ein Zeichen von Klugheit zu erkennen, was man noch nicht ganz verstanden hat, und dazu auch noch Zeit zu sparen. Denn zu Hause knobelt man alleine viel länger an solchen Problemen herum. Zwischenfragen im Unterricht halten im übrigen einen selbst und andere wach, erleichtern das Aufpassen, verbessern die Aufnahmefähigkeit. Und was man in der Schule schon begriffen hat, braucht man nachher nur mehr kurz zu überdenken.

Die Angst, vom Lehrer für »beschränkt« gehalten zu werden, ist also völlig verfehlt. Bleiben noch die Hemmungen wegen der Lacher unter den Mitschülern? Zum einen wird ihnen der Lehrer schnell klarmachen, wie unkameradschaftlich sie sind, und in Prüfungsarbeiten erweisen sie sich außerdem häufig als die in Wahrheit Dummen. Da werden die Lücken ja dann doch aufgedeckt und mit schlechten Noten quittiert. Wer sie durch Fragen vorher geschlossen und Kenntnisse vertieft hat, darf sich dann über sein Ergebnis freuen. Nicht das bloß Angelernte führt auf Dauer zum Erfolg, sondern das, was man wirklich »kapiert« hat. Das Nachfragen ist der richtige Weg dazu.

Echte Wissensfragen wird jeder Lehrer beantworten und auch ein größeres Problem nochmals erklären. Dazu ist er da. Wer aber nur fragt, damit es etwas zu lachen gibt, verdirbt allmählich sich und anderen die Chance, zusätzliche Auskünfte zu erhalten.

Es soll auch niemand Spitzfindigkeiten fragen, um zu zeigen, wie »gescheit« er ist. Das ist schnell durchschaut und macht ganz und gar keinen guten Eindruck.

Ansonsten aber: fragen, fragen, fragen! Wer von sich aus wissen und verstehen will, hat gute Voraussetzungen, ein erfolgreicher Schüler zu sein.

26 a) **Im Unterricht »mitschreiben«**

b) **Auf diese Weise kann man dem Unterricht länger und konzentrierter folgen, man lernt Wesentliches von Unwesentlichem zu unterscheiden, behält alles besser im Gedächtnis, weiß eher, was in Prüfungen gefragt wird, und kann somit gezielter lernen.**

c) Dies ist ein ganz wichtiger Punkt, einer der wichtigsten überhaupt.

Im Unterricht soll man auf einem kleinen Zettel Stichpunkte, wichtige Schlüsselwörter in einer Art Gliederung aufschreiben (vgl. S. 39).

Durch das »Mitschreiben« zwingt man sich selbst, auch bei zwischenzeitlichen Ablenkungen, Träumen usw., immer wieder auf das Unterrichtsgeschehen zurückzukommen. Man kann sich dadurch wesentlich besser und länger auf den Unterricht konzentrieren.

Von großer Bedeutung ist auch, daß man so immer besser erkennt, was wirklich wichtig ist und damit eher weiß, was der Lehrer will und möglicherweise in einer Prüfung fragt. Außerdem merkt man eher, wenn etwas nicht verstanden wurde und kann fragen.

Im übrigen behalten die meisten Schüler Informationen durch Schreiben ca. zehnmal besser als durch bloßes Zuhören. Ein großer Vorteil!

Normalerweise hat kein Lehrer etwas dagegen, wenn ein Schüler in seiner Unterrichtsstunde mitschreibt. Gegebenenfalls muß man in einem persönlichen Gespräch mit dem Lehrer in Ruhe klarlegen, was und warum man schreibt, daß man keine »Briefchen« usw. verfaßt.

Unbedingten Vorrang hat jedoch das Aufpassen, das Mitdenken. Das Notizenmachen darf auf keinen Fall davon abhalten, sondern soll dies ja fördern. Deswegen darf man auch keine ganzen Sätze schreiben. Man muß zunächst einmal so lange aufmerksam zuhören, bis ein Problem ganz entwickelt, ein Sachverhalt restlos geklärt, ein Gedankengang abgeschlossen ist. Dann kann man erst im Überblick einen Oberbegriff aufschreiben. Sonst notiert man zusammenhanglose Einzelheiten und stört obendrein die Aufnahme des Wesentlichen.

Auch hier ist Übung alles, und Schüler sollen deshalb nicht verzagen, selbst wenn anfangs nur wenige Einzelwörter auf dem Zettel stehen, deren Sinn sie später vielleicht nicht mehr recht erfassen.

Verwendet man einen kleinen, unauffälligen Zettel, so hat das mehrere Vorteile. Ein kleiner Zettel zwingt dazu, sich auf das Wesentliche zu beschränken. Außerdem ist er stets griffbereit, und man kann die Notizen noch kurz vor der nächsten Stunde in Ruhe durchlesen und ist vielleicht schon alleine dadurch gut »vorbereitet«, weil mit einem gelesenen Stichwort gleichzeitig alle dazugehörigen Einzelheiten ins Bewußtsein kommen.

Gelegentlich kann man in der Stunde dann auch Fragen des Lehrers beantworten wie keiner in der Klasse, weil ein Punkt, den der Lehrer in der letzten Unterrichtsstunde erwähnt hat, zwar auf dem Zettel steht, nicht aber im Lehrbuch. Der Lehrer ist entsprechend beeindruckt, und man sammelt notfalls ohne großen häuslichen Fleiß gute Noten.

Dies ist nicht ungerecht; man hat ja etwas getan, nämlich im Unterricht bestens aufgepaßt!

Also unbedingt »mitschreiben«, nie ohne Zettel und Bleistift sein!

27 a) **Neues gut im Gedächtnis verankern**

b) **Wer etwas sofort verstanden hat und sich nicht weiter bemüht, die neuen Informationen in seinem Gedächtnis fest zu verankern, vergißt sehr schnell wieder.**

c) Dies passiert vielen, eigentlich gut begabten Schülern. Sie begreifen neue Stoffgebiete zwar sehr schnell, ihre Noten in den Prüfungen sind jedoch schlecht. Dies ist u. a. deswegen so, weil sie sich nicht bemühen, sich das leicht aufgenommene Wissen weiter einzuprägen, sondern sich gleich mit etwas anderem beschäftigen. Sie verlassen sich nur auf ihr Ultrakurzzeitgedächtnis und vergessen alles bald wieder. Da sind vielfach solche Schüler letztlich erfolgreicher, die sich um alles sehr bemühen müssen, die aber ihr Wissen gerade deshalb dann langfristig behalten. Man muß neue Informationen sehr häufig wiederholt haben, um sie aktiv anwenden zu können.

Vergleich: Zieht man im Sand eine kleine Rinne, so verschwindet diese nach kurzer Zeit durch Wind oder Regen. Macht man sie von Anfang an recht tief – was mehr Mühe kostet – so bleibt sie wesentlich länger erhalten. Aber selbst wenn die Rinne sehr tief ist, muß man in Abständen immer wieder entsanden, sonst ist sogar sie nach einiger Zeit wieder verschwunden.

28 a) **Übungen, Hausaufgaben gut verbessern und zum Üben aufbereiten**

b) **Wer Übungen nicht sorgfältig verbessert, sie dann aber zum Wiederholen benützt, schleift Fehler ein und schreibt schlechte Noten trotz häuslichen Fleißes. Markierungen auf dem Blatt erleichtern das Wiederholen.**

c) Es ist unbedingt notwendig, daß z. B. Hausaufgaben genauestens verbessert werden. Es dürfen keine Fehler stehenbleiben, weil man sich diese sonst bei notwendigen Wiederholungen einprägt; und einen einstudierten Fehler zu korrigieren, ist sehr schwer. Bei Verbesserungen darf nicht mit Hilfe von Tintentod o. ä. zu »sauber« gearbeitet werden. Fehlerstellen müssen bei Wiederholungen als solche erkannt werden. Sie sollten sogar, ähnlich wie andere Besonderheiten, eigens gekennzeichnet bzw. notiert werden, damit sie später speziell geübt werden können.

Bei Einsetzübungen, z. B. in Englisch, ist es sehr vorteilhaft, wenn man die eingesetzten Wörter (mit Bleistift) unterstreicht, so daß man bei der Verbesserung im Heft ohne langes Suchen gezielt auf diese Stellen im Satz achten kann. Andernfalls kann es passieren, daß man auf alles mögliche achtet, aber aus Zeitmangel nicht die Stelle vergleicht, auf die es ankommt.

Damit eine Übung schnell wiedergefunden wird, muß am Rand des Heftes immer Seite und Nummer einer Übung gut sichtbar vermerkt werden.

In der Prüfung

Man hat den Unterricht sinnvoll genutzt und zu Hause in der richtigen Weise gelernt. Gut vorbereitet geht man also in die Prüfung und glaubt einiges zu können. Dennoch läuft es schief. Wenn die Arbeit zurückgegeben wird, ist man über das Ergebnis sehr enttäuscht. Was hat man in der Prüfungssituation falsch gemacht? Worauf gilt es da zu achten?

29 a) **Ohne Hetze und mit ordentlichem Arbeitsmaterial in die Prüfung**

b) **Alles richtig organisierte Lernen kann zunichte gemacht werden, wenn man abgehetzt im letzten Augenblick oder gar verspätet in die Prüfung kommt. Ähnliches kann passieren, wenn das notwendige Arbeitsmaterial nicht in Ordnung oder nicht vorhanden ist.**

c) Hetze kann, ähnlich wie Angst, unser Gedächtnis blockieren und bewirken, daß man sich selbst an sehr gut Gelerntes nicht erinnert. Wer abgehetzt in die Prüfung kommt, kann sich zunächst auch nur schlecht konzentrieren, wertvolle Zeit geht zusätzlich verloren.

Am Morgen sollte man deshalb lieber etwas eher aufstehen und womöglich auch früher als üblich von zu Hause weggehen (Sicherheitszeitraum für Bahn, Bus usw.!). Man darf nicht noch halb schlafend in der Prüfung sitzen. Ausgeruht sein ist schon recht, aber wichtig ist, daß man geistig wach ist. Und dazu muß man wissen, daß Körper und Kopf jeden Morgen eine gewisse Anlaufzeit brauchen. Auch Sportler stehen vor großen Meisterschaften sehr früh auf, oft mehrere Stunden vor dem Start. Ist die Prüfung am Nachmittag, so darf man auf keinen Fall vorher einen längeren Nachmittagsschlaf halten, um ja gut zu sein. Das Gegenteil würde dadurch erreicht! Gegen eine kurze, aber intensive Entspannung von etwa zehn Minuten ist nichts einzuwenden.

Arbeitsmaterialien müssen vorher überprüft werden (Computer + volle Batterie, Schreibzeug, Zirkel, Ersatztintenpatrone usw.). Hat man neue Arbeitsmaterialien angeschafft, soll man nicht in die Prüfung gehen, ohne sie vorher eingehend erprobt zu haben. Es passiert sonst nur allzuleicht, daß sich unangenehme Überraschungen einstellen.

30 a) **Mit leichten Fragen anfangen, dann vorrangig Aufgaben bearbeiten, die viele Punkte bringen**

b) **Fängt man mit einer leichten Aufgabe an, so trägt das stark zur Beruhigung bei. Man löst dann die anderen Aufgaben besser, man ist sicherer.**

c) Dieses »Aufwärmen« mit einer leichten Frage bringt neben wichtigen Punkten auch eher die Lösung der anderen Aufgaben, weil man schon mit mehr Selbstvertrauen an sie herangeht. Eventuell vorhandene Angst wird abgebaut, man ist nicht mehr »blockiert«.

Dabei sollten besonders bei Zeitdruck vorrangig Aufgaben gelöst werden, die viele Punkte bringen. Vielfach sieht man an den Zahlen, die am Rande angegeben sind (z. B. Englisch Comprehension), was bei einer Frage an Punkten zu holen ist. Man kann daran auch erkennen, ob eine kurze oder eine umfangreiche Antwort erwartet wird.

Aber aufgepaßt! Man darf keine Frage auslassen oder aus Unaufmerksamkeit übersehen. Am Rande sollten deswegen Stellen, wo zunächst etwas ausgelassen wurde, mit Bleistift gekennzeichnet werden. Gelegentlich sind auf der Rückseite der Prüfungsangabe ebenfalls noch Fragen. Am Ende der Prüfung muß man unbedingt seine Arbeit auf Vollständigkeit überprüfen.

31 a) **Jede Frage bzw. das Thema gründlich überlegen**

b) **Nur wer die Frage in allen Einzelheiten gut verstanden hat, kann sie auch gut lösen. Je gründlicher, desto besser!**

c) Der Hauptfehler ist: Schüler überfliegen die Angabe nur, erkennen einzelne Ausdrücke, glauben schon zu wissen, worum es geht, und fangen sofort freudig an zu arbeiten.

Dabei übersehen sie zu leicht ein Wort, auf Grund dessen die Aufgabe, z. B. ein Aufsatzthema, ganz anders gelöst werden muß, als sie zunächst annehmen. Sie schreiben dann zwar viel, aber leider nicht das, was wirklich verlangt wird. Die Folge: Alles Lernen ist vergeblich, weil sie sich zu Beginn nicht genügend Zeit genommen haben zum ruhigen Überlegen. Leider passiert das viel zu oft!

Also wirklich genau überlegen, nochmals überlegen und nochmals! Jedes Wort hat eine ganz bestimmte Bedeutung in der Aufgabe. Man kann wichtige Schlüsselwörter unterstreichen oder sich sogar auf einem Nebenblatt Notizen machen. Man muß sich fragen, worin das Problem besteht, welche Schwierigkeiten, welche Fehlermöglichkeiten in der Aufgabe enthalten sind. Erkennt man diese, so hat man eigentlich schon die halbe Lösung. Es sollte auch bedacht werden, was nicht dazu gehört, was falsch wäre. Durch Ausscheiden von falschen Ansätzen wird das Problem immer mehr eingekreist, bis man schließlich die richtige Lösung hat.

Die Zeit, die man hierfür aufwendet, ist nicht verloren, auch wenn viele Schüler das denken. Im Gegenteil! Die Beantwortung der Aufgabe geht wesentlich schneller voran, wenn vorher alles durchdacht wurde. Im Kopf hat sich schon vieles geordnet, was letzten Endes sogar Zeitgewinn bringt, weil man zügiger arbeiten kann und keine Umwege oder gar falschen Wege einschlägt.

Wenn ein Schüler wirklich nicht weiß, was die Frage bedeutet, soll er ruhig den Lehrer fragen. Es könnte ja wirklich ein Fehler in der Angabe sein oder eine Unklarheit, die dem Lehrer gar nicht aufgefallen war. Geht es anderen Schülern ähnlich, so bekommt er wahrscheinlich von diesen Schützenhilfe, und der Lehrer erläutert die Angabe, die Frage dann möglicherweise doch. Wenn nicht, so kann oft schon auf Grund der Fragen und Zurufe der Mitschüler die Lösung erschlossen werden. Schaden kann eine Frage in einem solchen Fall nicht. Nur Mut!

32 a) **Nach genauer Überlegung diszipliniert und logisch vorgehen**

b) **Wer nur »irgend etwas« hinschreibt, in der Hoffnung, es werde schon stimmen, erleidet meist Schiffbruch.**

c) In der Prüfungsarbeit (z. B. im Aufsatz, aber auch in anderen Arbeiten, in denen Erklärungen verlangt sind) darf es keine »Sprünge« geben. Das Ganze muß logisch und geordnet aufgebaut sein. Wer das Geschriebene später liest, muß alles ohne ergänzende Erläuterungen des Schülers gut verstehen können, sei es der korrigierende Lehrer oder gar ein »Laie«. So kann man bessere Noten schreiben als andere Schüler, die vielleicht sogar mehr Wissen haben, dieses aber nicht richtig, nicht logisch aufbauend anwenden.

Man soll nichts Ausgefallenes schreiben und nicht »gescheiter« sein wollen als der Prüfer. Keine Spitzfindigkeiten! Das »Normale« genügt vollkommen. Was dem Lehrer bekannt vorkommt, weil es auch in seinem Kopf gespeichert ist, wird von seinem Gehirn ohne strengere Nachprüfung als richtig registriert. Deswegen sollte ruhig einmal auf einen Satz verzichtet werden, auch wenn er noch so schön formuliert ist!

Wer nach reiflicher Überlegung zu einem Ergebnis gelangt ist, darf nicht plötzlich aus einem momentanen Zweifel heraus schnell etwas anderes hinschreiben. Die Wahrscheinlichkeit, daß das gut überlegte Resultat richtig ist, ist doch viel größer. Vor allem am Ende einer Prüfung passiert dies oft oder dann, wenn man auf dem Blatt des Nachbarn eine andere Lösung erspäht hat. Also nur nach gründlicher Überlegung, wenn man seiner Sache ganz sicher ist, »verbessern«! Sonst sollte man lieber alles so lassen, wie es ist; häufig ist der erste Gedanke in diesen Fällen der richtige.

Man muß diszipliniert Schritt für Schritt vorgehen. Der jeweils nächste Schritt ist immer der wichtigste. Ist jeder Schritt perfekt, so ist das Ganze perfekt. Dabei darf man sich jedoch nicht verzetteln, sondern soll stets das Wesentliche im Auge behalten. Die Note ist damit aber nicht gemeint; wer während der Prüfung nur an sie denkt, kann nicht gut arbeiten, weil er sich selbst unter Leistungsdruck setzt, also Streß erzeugt. Und der verhindert zumeist den Erfolg.

Man sollte bis zum Schlußpunkt voll konzentriert bleiben. Manchmal kann eine einzige, kurze Unaufmerksamkeit schon den Erfolg kosten. Gerade am Ende werden viele Fehler gemacht, weil sich der Schüler freut, mit der Aufgabe gleich fertig zu sein, es geschafft zu haben und damit seine konzentrierte Arbeitsweise aufgibt. Bei Sportwettkämpfen erlebt man Ähnliches immer wieder. Hat z. B. im Fußball eine Mannschaft nach langem Kampf endlich ein Tor erzielt, so fällt oft genug schon beim nächsten Angriff das Gegentor.

Man darf sich auch nie zu sicher fühlen. Dies führt vielfach zu Nachlässigkeit, zu Leichtsinnsfehlern und damit zu schlechteren Noten. Aus diesem Grund muß man gerade bei »leichten« Prüfungen ganz besonders konzentriert arbeiten, weil dort schon kleine Fehler stärker ins Gewicht fallen und die Note schneller verschlechtern als bei schwierigen Prüfungen.

33 a) **Möglichst nur schreiben, was man 100%ig weiß**

b) **Meist ist es besser, eher etwas weniger, dies jedoch fehlerfrei zu schreiben, als viel, aber mit Fehlern.**

c) Dies trifft vor allem bei Fremdsprachen zu. Bei der Beantwortung von Fragen zum Beispiel führen Grammatik- und Schreibfehler schnell zu unnötigen Punktabzügen und zur schlechteren Note. Um dies zu vermeiden, muß man versuchen, (einfache) Satzkonstruktionen zu verwenden, die man beherrscht, sowie Wörter, die man auch wirklich richtig schreiben kann.

Wenn der Lehrer sehr oft mit ROT auf dem Blatt eingreifen muß, so kann in Nacherzählungen, Aufsätzen usw. der negative optische Eindruck im Zweifelsfall den Ausschlag für die schlechtere Note geben. Man sollte auch lieber etwas weglassen, das unsicher ist oder nicht richtig begründet werden kann. Selbstdisziplin!

Ist nur *eine* Lösung oder Antwort verlangt, soll man nicht aus Angabe mehrere Möglichkeiten schreiben. Man bekommt nicht mehr Punkte, die Gefahr, Fehler zu machen, wird jedoch größer. Und ist auch nur eine falsche Antwort unter den zusätzlichen, nicht geforderten Lösungsvorschlägen, dann kann ein korrekter Lehrer auf diese Teilaufgabe gar keinen Punkt mehr geben. In einem solchen Fall ist es also besser, nur die Lösung zu schreiben, derer man sich zu 100% sicher ist.

In wirklichen »Notfällen« dagegen ist es ratsam, auch »Unsicheres« zu schreiben. Vielleicht hat man Glück und bekommt doch noch den einen oder anderen Punkt . . .

34 a) **Jeden Schritt, jedes Teilergebnis sofort nochmals überdenken und überprüfen**

b) **Wer zu schnell arbeitet, macht zu leicht unnötige, »dumme« Fehler, die wertvolle Punkte kosten, ja vielleicht sogar die Gesamtlösung gefährden.**

c) Durch das sofortige Überprüfen eines jeden Teilergebnisses entsteht kein Zeitverlust. Im Gegenteil! Muß man z. B. in Mathematik später einen Fehler suchen, nachdem man gemerkt hat, daß etwas nicht stimmen kann, so verliert man sehr viel mehr Zeit. Es ist wesentlich schwieriger, einen vorher gemachten Fehler zu finden, als ihn von vornherein durch sofortige Überprüfung des Einzelschrittes zu vermeiden.

Wer hat in Mathematik nicht schon einmal viel Zeit alleine deshalb verloren, weil er »Riesenzahlen« mitgeschleppt hat und schließlich nicht mehr weiterkam? Und alles nur, weil er übersehen hatte, rechtzeitig auszuklammern, eine binomische Formel anzuwenden, so daß er nicht kürzen konnte usw. Die Folge: Man verliert nicht nur Zeit, sondern wird immer nervöser, bekommt Angst, (wieder) eine schlechte Note zu schreiben, und kann auch die anderen Aufgaben nicht lösen, weil man »blockiert« ist.

Leichtsinnsfehler sind sehr ärgerlich. Wie oft hat man in einer Fremdsprache statt vier Fehlern fünfzehn, nur weil man zu schnell gearbeitet, nicht richtig aufgepaßt, einige Kleinigkeiten übersehen hat. Das macht oft ein bis zwei Notenstufen aus!

Wer konzentriert arbeitet, Teilergebnisse sofort überprüft und damit keine Leichtsinnsfehler macht, hat plötzlich, ohne mehr lernen zu müssen, bessere Noten.

35 a) **Keine Zeit verschwenden**

b) **Man soll nicht zu lange an einer einzigen schwierigen Aufgabe »herumbasteln«: Meist wird diese schließlich doch nicht richtig gelöst und obendrein wird verhindert, daß man sich den übrigen Fragen gründlich widmen kann. Es ist dann nicht nur die eine Frage falsch, sondern es fehlen auch wichtige Punkte der anderen Aufgaben.**

c) Es kommt immer wieder vor, daß Schüler sich in eine Aufgabe »verbeißen«. Besonders in Mathematik kann es passieren, daß ein Schüler mitten in einer Aufgabe nicht mehr weiterkommt. Er merkt zwar, daß etwas in der bisherigen Rechnung nicht stimmt. Er rechnet zehnmal nach und überlegt – den Fehler findet er trotzdem nicht. Oft liegt es nur an einer Kleinigkeit, aber er kommt nicht darauf.

Hier darf nicht weiter kostbare Zeit verschwendet werden; es bringt nichts ein. Wird jedoch diese Aufgabe zunächst zurückgestellt, so kann man sich ohne Zeitdruck den anderen Aufgaben widmen und wertvolle Punkte sammeln. Kommt man später auf die »Problemaufgabe« zurück, findet man möglicherweise plötzlich den richtigen Lösungsweg oder den Fehler, über den man vorher immer wieder hinweggelesen hat. Eine vorhandene Blockade hat sich in der Zwischenzeit aufgelöst.

36 a) **Nicht aufgeben, bis zuletzt um Punkte kämpfen**

b) **Wer zu früh aufgibt, vergibt eine große Chance. Ist die Aufgabe z. B. allgemein sehr schwer und viele Schüler resignieren, so kann man eine vergleichsweise bessere Note selbst dann schon erzielen, wenn man nur einige Punkte mehr erreicht als die Mitschüler.**

c) Man sollte nie vor der Zeit die Arbeit abgeben, auch wenn eine Aufgabe zunächst nicht gelöst werden kann oder wenn man glaubt, nichts mehr zu wissen. Es besteht die Möglichkeit, daß einem nach einer kurzen Pause doch noch etwas einfällt und so der eine oder andere Punkt ergattert wird. Deswegen hartnäkkig bleiben!

Völlig falsch wäre es, schon bei der ersten Schwierigkeit, in einer Fremdsprache etwa beim ersten unbekannten Wort, gleich durchzudrehen und alles verlorenzugeben. Es bietet sich noch viel Gelegenheit zu zeigen, daß man doch etwas kann, wenn man nur beharrlich und in Ruhe weitermacht.

Sind alle Aufgaben bearbeitet, muß alles nochmals genau durchgesehen werden. Dabei sollte man eine Aufgabe verschiedene Male, jeweils nach anderen Gesichtspunkten überprüfen, in Englisch z. B. einmal auf den Inhalt hin, dann nach Zeitfehlern, nach dem richtigen Gebrauch von »DO«, nach Schreibfehlern . . . Gut wäre es, zwischendurch auch mal eine besinnliche Kurzpause einzulegen, besonders dann, wenn der Kopf »raucht«, wenn man sich festgefahren hat.

37 a) **Auf ein gutes Äußeres der Prüfungsarbeit achten**

b) **Schreibt man sauber und ordentlich, so macht man oft weniger Fehler. Gelegentlich wird die äußere Form sogar mitbewertet, zumindest aber hinterläßt sie beim Lehrer einen positiven oder negativen Eindruck (Aufsatz!), der bei schwankender Note den Ausschlag geben kann.**

c) Unsauberes Arbeiten, unordentliche Schrift sind häufig der Grund für Fehler.

In Mathematik z. B. kann man dadurch leicht + und –, · und : verwechseln, sieht eventuell nicht, wo ein Bruchstrich anfängt oder aufhört, und verliert den Überblick. Schon alleine bei der Addition einer senkrecht notierten Zahlenkolonne bringt ein Durcheinander der Stellen selbst bei »Könnern« große Probleme mit sich.

In Sprachen entdeckt man Fehler leichter, wenn das Schriftbild klar ist. Das Gehirn vergleicht das geschriebene mit dem gespeicherten Wort. Stimmen beide überein, so signalisiert das Gehirn »RICHTIG«. Ist nun aber das Wort in der Prüfung geschmiert, undeutlich geschrieben, so kann das Gehirn nicht erkennen, ob ein Unterschied vorliegt. Selbst ein Fehler löst in diesem Fall kein Alarmsignal aus.

Korrekturen in der Arbeit müssen sauber und eindeutig sein. Fehler werden einfach durchgestrichen, und dann schreibt man das neue Wort oder den neuen Buchstaben daneben oder darüber. Wer einzelne Buchstaben direkt im Wort verbessert, läuft Gefahr, daß die Verbesserung unklar ist und deswegen nicht anerkannt wird. Im übrigen verliert der Schüler dabei letztlich mehr Zeit als durch ein rasches Streichen. Vor allem in Diktaten können so durch Zeitdruck zusätzlich unnötige Folgefehler entstehen, weil der Schüler nicht mehr »mitkommt«.

38 a) **Sich nicht auf das »Spicken« verlassen**

b) **Abschreiben kann zwar gelegentlich zu einer besseren Note führen, langfristig überwiegen jedoch die Nachteile.**

c) »Spicken« ist unter Schülern oft fast ein »Sport«. Man gibt sogar damit an, was man darin alles »geleistet« hat. Selbst nach Jahrzehnten brüsten sich damit ehrenwerte Bürger bei Klassentreffen. Aber stimmt das alles wirklich?

Von den negativen Folgen spricht ohnehin niemand. Ein Schüler, der dabei nicht erwischt wird, glaubt, daß er weiterhin in diesem Fach abschreiben kann und ohne Lernen gute Noten erhält. Möglicherweise hat er sogar einige Zeit Glück. Bekommt er einen anderen Nachbarn oder wechselt der Lehrer, sieht die Sache jedoch meist ganz anders aus: Nichts geht mehr. In einem Fach, das auf Grundwissen aufbaut, sind aber durch diese Faulheit die Lücken inzwischen so groß geworden, daß ein solcher Schüler, nun auf sich selbst gestellt, nur noch sehr schlechte Noten schreibt und schließlich scheitert.

Todsichere Spicksysteme gibt es nur in Erzählungen. Meist verliert man schon zuviel Zeit damit, von irgend jemandem etwas zu »bekommen«. Viel ist es im allgemeinen ja gar nicht. Aber aus Angst, erwischt zu werden, kann man derweil keinen eigenen Gedanken fassen und vergeudet kostbare Zeit. Man verliert dadurch mehr, als man gewinnt.

Sehr gut und empfehlenswert jedoch ist, wenn man sich zu Hause einen möglichst kleinen, gut durchdachten Spickzettel anlegt, diesen möglichst oft umschreibt und neu gliedert – ihn dann aber nicht verwendet. Dies ist auch gar nicht mehr nötig, weil man sich auf diese Weise ohnehin das meiste eingeprägt hat, jedenfalls dann, wenn der Spickzettel »gut« ist. Wenn er es nicht ist, hilft er sowieso wenig bis gar nichts.

39 a) **Bei Rückgabe einer benoteten Arbeit die Korrektur des Lehrers genau überprüfen**

b) **Auch Lehrer machen Fehler. Es kommt immer wieder vor, daß eine Note nachträglich aufgebessert wird. Also nichts übersehen! Wie lange muß man lernen, um sich um eine Notenstufe zu verbessern!**

c) Bei der korrigierten Arbeit muß als erstes die Punktesumme kontrolliert werden. Ist die Note entsprechend? Dann muß man jede Frage daraufhin überprüfen, ob überhaupt Punkte ausgewiesen sind (dies kann einmal vergessen werden!), ob es die richtige Anzahl ist, ob nicht zu viele Punkte abgezogen wurden usw. Hierbei ist es vorteilhaft, zunächst mit den Arbeiten anderer Schüler zu vergleichen.

Glaubt man, einen Irrtum zu seinen Ungunsten bei der Korrektur gefunden zu haben, soll man mit dem Lehrer sprechen. Aber es ist sinnlos, um Punkte zu feilschen, wenn es die Note nicht verbessern würde. Geht es um eine mögliche Notenverbesserung, sollte man die Angelegenheit ruhig, sachlich, aber auch bestimmt darlegen. Der Lehrer wird eher Verständnis zeigen und die Note abändern, wenn die Fronten nicht verhärtet sind. Geht es wirklich um viel und es kommt zu keiner Einigung, so kann man in der Sache weitergehen. Man kann sich an den Klassenleiter oder den Verbindungslehrer wenden. Das soll man aber auch dem Lehrer vorher sagen und am besten dabei sich und ihm noch einen Tag Zeit zum Überdenken geben. Oft kommt es dann zur gewünschten Einigung.

Übrigens: Nicht krank in eine Prüfung gehen! Es geht selten gut, wenn ein Schüler eigens seine Krankheit wegen einer Prüfung »abbricht«, selbst wenn er noch so gut vorbereitet ist.

Eine Prüfung kann so gut wie immer nachgeholt werden. Wer einer Prüfung wegen Krankheit fernbleibt, muß die

Krankheit schriftlich bestätigen lassen, bei größeren Prüfungen durch ein entsprechendes Attest. Tritt man krank an, gibt es nachträglich keine Entschuldigung; die Note gilt. Das kann unter Umständen sogar schlimme Folgen haben.

Allgemeine Bemerkungen

Schüler mögen nun sagen: »Alles schön und gut, aber bei mir klappt es trotzdem nicht so wie ich es gern hätte. Ich kann machen was ich will, ich habe immer Pech in Prüfungen, die Lehrer haben etwas gegen mich ...« Oder: »Ich habe zwar gute Vorsätze, halte jedoch nicht lange durch. Außerdem kann ich in der Prüfung vor lauter Angst keinen klaren Gedanken fassen, obwohl ich vor und unmittelbar danach immer alles weiß.« Wie kann man das ändern?

40 »Pech« bei Prüfungen

Sehr entscheidend für die Zeugnisnote kann sein, daß man gerade dann besonders gut vorbereitet ist, wenn eine Stegreifaufgabe oder ein mündliches Abfragen ansteht. Es gibt Schüler, die lernen das »ganze Jahr« fleißig – bis auf zweimal. Aber gerade da werden sie mündlich abgefragt bzw. es wird eine Stegreifaufgabe geschrieben. Wer hat das nicht schon erlebt? Es ist wie verhext!

Wie kommt es zu diesem »Pech«? Normalerweise sind alle Schüler zu Beginn eines neuen Schuljahres, insbesondere bei einem neuen Lehrer, voll guter Vorsätze und Eifer. Sie lernen zunächst sehr fleißig. Vielfach aber lassen Schüler in ihren Anstrengungen bald nach, vor allem wenn sie schon öfter »umsonst« gut gelernt haben, d. h. wenn keine Prüfung erfolgte, sie also nicht durch eine Note »belohnt« wurden. Es passiert nun sehr leicht, daß Schüler trotz »Vorahnung« nicht eigens lernen in der Hoffnung, daß es auch diesmal Fehlalarm ist. Und gerade dann . . . Pech??

Das beste Gegenmittel ist natürlich, daß man wirklich für jede Stunde optimal vorbereitet ist.

Nun soll es Schüler geben, die arbeiten in »Lernfächern« selten, aber »zufällig« immer dann, wenn unangesagt geprüft wird. Diese erhalten eine gute Note im Zeugnis, während andere, die eigentlich »immer« wesentlich mehr gelernt haben, sich eventuell sehr bemühen müssen, um auf ein »Ausreichend« zu kommen. Ungerecht? Möglich. Vermeidbar? JA!

41 Wann wird geprüft?

- Der Lehrer deutet durch besondere Hinweise an, daß nächste Stunde geprüft wird. Dies merkt (fast) jeder Schüler!
- Die Lehrkraft warnt nicht besonders: »Gefahr« droht immer dann, wenn ein (Teil-)Stoffgebiet abgeschlossen ist und eventuell in der Stunde noch allgemein wiederholt wurde. In einem »Lernfach« sollte man immer überlegen, ob der Lehrer genug Stoff für eine Prüfung hat.
- Ein neues Stoffgebiet (in Fremdsprachen, Mathematik) wurde eingeführt und eingeübt, eine mündliche Wiederholung über dieses Gebiet aufgegeben. Mündliche Hausaufgaben (Gesamtwiederholungen) in Verbindung mit einer entsprechenden Übung sind meist ein sicheres Zeichen.
- Sehr »beliebt« ist die Zeit (4 bis 2 Wochen) vor der Zeugnisausgabe. Warum? Jeder Lehrer macht da kurz vor der Zeugniskonferenz seine Gesamtnoten. Dabei stellt er fest, daß bei einigen Schülern die Zeugnisnote noch nicht ganz klar ist. Der Lehrer kann nun diese Schüler einzeln mündlich abfragen oder aber, wenn noch nicht »genug« Stegreifaufgaben geschrieben sind, die ganze Klasse nochmals schriftlich prüfen. Diese Zeiten sind also für alle »gefährlich«.

  Ein Schüler, der auf Grund seiner bisherigen Prüfungen vor dem Zeugnis zwischen zwei Noten steht, sollte die letzten Wochen in diesem Fach besonders gut vorbereitet sein. Der Einsatz lohnt sich, da das kurze, gezielte Lernen eine ganze Note im Zeugnis ausmachen kann.
- In einigen Fächern wird die Wahrscheinlichkeit, mündlich abgefragt zu werden, immer größer, je länger man in diesem Fach noch nicht »dran« war.

  Gerne werden auch Schüler bevorzugt abgefragt, die vorher schriftlich versagt haben (= neue Chance!), gelegentlich in zwei, ja sogar drei Folgestunden hintereinander!

- Stegreifaufgaben werden häufig 1 bis 3 Wochen vor einer Schulaufgabe zur Vorbereitung und Überprüfung einzelner Stoffgebiete gehalten.
- Lehrer müssen auch planen, teilen sich ihre Korrekturen ein. Sie haben ja nicht nur eine Klasse! Ist ein Lehrer stark mit Korrekturen in Abschlußprüfungen, Aufnahmeverfahren usw. belastet, so wird er versuchen, seine Noten in den anderen Klassen vorher zu bekommen, so daß er während dieser Zeiten nicht anderweitig belastet ist.
- Fachlehrer mit wenigen Wochenstunden in einer Klasse (Musik, Geographie, Geschichte, Biologie usw.) haben oft Probleme, vorgeschriebene Stegreifaufgaben zeitlich unterzubringen, weil häufig an »ihren« Tagen bereits Schulaufgaben geplant sind. Es bleiben ihnen dann gar nicht so viele Tage übrig. Genug Stoff muß ja auch vorhanden sein! Stehen Ausflüge usw. an, so wird ein solcher Lehrer versuchen, unbedingt vorher noch Noten zu bekommen. Ähnlich werden Lehrer verfahren, die selbst mit einer Klasse ins Schullandheim, Skilager usw. fahren. Auch eine 6. Stunde ist dann notgedrungen gut genug.
- Wird an einem Tag eine Schulaufgabe geschrieben, darf in der Regel keine andere schriftliche Abfrage gehalten werden. Mündlich ausgefragt werden kann man aber auch da, wenngleich die Gefahr nicht so groß ist. (Man muß sich nach den Regelungen an der eigenen Schule erkundigen!) Gelegentlich ist ein Lehrer jedoch gezwungen, auch an einem Schulaufgabentag Noten zu sammeln. Oft werden da Schüler geprüft, die sowieso schlecht stehen bzw. Probleme mit dem Fachlehrer haben. (Das kommt zumindest nach Aussagen solcher Schüler häufig vor.) Also Vorsicht!

  Wer nach diesen Anleitungen lernt, kann diese Tatsache sogar ausnützen und gerade an einem Schulaufgabentag für ein bestimmtes Fach lernen. Er wird, da sich alle nur auf die

Prüfung vorbereitet haben, durch einmaliges Lernen besonders glänzen und sich, wenn möglich, mutig sogar freiwillig melden. Vorteile sind: Man wird ausgefragt, wenn man gut gelernt hat, es werden höchstwahrscheinlich mit Rücksicht auf die Schulaufgabe nicht zu schwierige Probleme gefragt, und bei der Notengebung ist der Lehrer möglicherweise wohlwollender als sonst. Auf alle Fälle ist dies sehr wirkungsvoll und fällt jedem Lehrer äußerst positiv auf!

- **Aber Achtung:**
  Manche Lehrer fragen kaum ab, sondern bewerten die Unterrichtsbeiträge von Schülern in mehreren Stunden oder über einen längeren Zeitraum hinweg. Da hilft dann schlau durchdachtes Lernen »zum richtigen Zeitpunkt« gar nichts. Mitarbeit ist gefragt! Man sollte gleich am Jahresanfang sich bei den einzelnen Lehrern erkundigen, auf welche Weise sie ihre Einzelnoten machen.

42 Was wird geprüft?

Hätte man bereits vor einer Prüfung die Aufgaben, so wäre alles ganz einfach. Aber dies ist zunächst nur ein Traum. Andererseits kann man sehr wohl durch entsprechende Überlegungen schon vorher ganz gut wissen, was gefragt wird.

Wer im Unterricht Notizen macht, also gut aufpaßt, hat hier entscheidende Vorteile. Er weiß, worauf die Lehrkraft in der letzten Zeit besonderen Wert gelegt hat. Vielfach bespricht ein Lehrer absichtlich spezielle Schwierigkeiten der nächsten Schulaufgabe, meist dann, wenn er die Aufgaben gerade zusammengestellt hat. Sehr »fruchtbar« sind oft die letzten ein bis drei Stunden vor einer Prüfung. Also aufgepaßt!

Wer sich beim Lernen auf das Wesentliche konzentrieren kann, spart viel Zeit. Er weiß, was wichtig ist bzw. wo besondere Fehlerquellen liegen.

Man sollte versuchen, sich in die Lage des Lehrers zu versetzen und selbst Prüfungsaufgaben zusammenzustellen, eventuell mit einem (guten) Mitschüler. Wichtig ist dabei zu wissen: Was will der Lehrer (nicht)? Wie sind seine Prüfungen aufgebaut? Wer hier einen guten »Riecher« hat, kann kurzfristig gezielt lernen, um ordentliche Noten zu bekommen.

In Fremdsprachen, Mathematik usw. ist es langfristig allerdings gar nicht gut, *nur* auf diese Art zu lernen. Das Grundwissen wird nämlich in solchen Fächern immer verlangt. So aber entstehen im Laufe der Jahre viele Lücken durch Vergessen, die später eine gute Note verhindern.

43 Nachbarn

Wer neben dem »richtigen« Nachbarn sitzt, hat große Vorteile. Der Nachbar kann die Leistungen stark beeinflussen.

Versteht man sich mit dem Nachbarn gut, so ist dies an sich sehr positiv. Man ist entspannt und braucht während des Schuljahres keine kleinen, aber anstrengenden Privatkriege zu führen, welche das Aufpassen stark stören. Hat der Nachbar dazu noch gute Noten, um so besser. Dabei ist die Möglichkeit, daß man vielleicht abschreiben kann oder etwas eingesagt bekommt, gar nicht entscheidend. Ein guter Schüler ist in der Regel im Unterricht aufmerksam. Von ihm wird man nicht so gestört oder abgelenkt wie von einem »Schwätzer« oder »Klassenkaspar«. Ist der Nachbar fleißig, wird man durch sein Beispiel positiv beeinflußt und arbeitet mehr. Man fördert sich gegenseitig und verbessert so die Noten. Seinen Spaß kann man zwischendurch trotzdem haben. Aber nur zwischendurch!

Ganz anders ist es jedoch, wenn Schüler durch das Verhalten des Nachbarn gestört werden. Dann können sie trotz bester Absicht nicht richtig aufpassen, behalten vom Unterricht sehr wenig, die Noten sind schlecht. Hier erweisen sich besonders »beste« Freunde/Freundinnen manchmal gegenseitig einen schlechten Freundschaftsdienst, wenn sie sich zu häufig mit außerschulischen Dingen anstecken; gemeinsame Erlebnisse und Pläne für zukünftige Unternehmungen verleiten sehr leicht dazu. Deswegen ist es nicht überraschend, daß solche Nachbarn oft genug auch gemeinsam durchfallen. VORSICHT!

Sehr negativ ist es auch, wenn sich ein Schüler durch die schwachen Leistungen seines Nachbarn oder anderer Mitschüler beeinflussen läßt und schlechtes Verhalten und Faulheit sogar als normal ansieht. Sich gegenseitig zu einer schlechten Note zu gratulieren, mag vielleicht zunächst eine natürliche Reaktion auf die Enttäuschung sein; aber es hilft nicht weiter.

Kein Schüler soll sich »schämen«, wenn er gute Noten bekommt. »Du Streber!« Wer hätte nicht Angst davor, als solcher zu gelten. Und doch drückt dieses Wort nicht nur Neid aus, sondern auch heimliche Anerkennung. Angesehen sind letztlich nicht die »Klassenkaspars« (die bald scheitern!), sondern Schüler mit guten Noten.

Weil der Nachbar so wichtig sein kann, sollten Schüler am Schuljahresanfang sehr darauf achten, neben wen sie sich setzen. Meist hat man ja »freie Wahl«. Am besten spricht man sich bereits am Ende des vorhergehenden Schuljahres ab. Gute Nachbarn sind gefragt und schnell vergriffen! Dabei muß auch wohl überlegt werden, wo im Klassenzimmer man seinen Platz haben möchte.

Kommt man doch neben einen Mitschüler zu sitzen, mit dem man gar nicht harmoniert, so ist während eines Schuljahres ein »Wegsetzen« sehr problematisch. Notfalls sollte man deswegen selbst mit dem Klassenleiter sprechen oder die Eltern darum bitten, so daß dieser eine Versetzung vornehmen kann, ohne daß bekannt werden muß, von wem sie ausgeht.

Ein eigenes Problem ist das Einsagen. Diese Hilfe des Nachbarn kann auch sehr negativ sein. Man kommt gar nicht selbst zum Denken, merkt überhaupt nicht, was man noch nicht kann, wird unselbständig und denkfaul; die Noten werden schlecht. Vielleicht kann mit dem Nachbarn gesprochen werden, daß er nicht immer so schnell einsagt.

Der Lehrer glaubt bei »richtigen« Antworten eines an sich schlechten Schülers, der Stoff sei allgemein sehr gut verstanden, wiederholt und erklärt deswegen nicht nochmals und macht möglicherweise die Prüfungsaufgaben sogar besonders schwer, in der falschen Annahme, daß sonst die Prüfung zu leicht wäre. Folge . . .

Umgekehrt soll es Klassen geben, die durch »Tiefstapeln« leichtere Aufgaben erreicht haben!

a) Wenn ein Schüler wirklich sehr große Lücken in einem Fach hat und alleine den Anschluß nicht mehr oder nur schwer schafft, können Nachhilfestunden notwendig werden und dann auch sinnvoll sein. Der Vorteil daran ist dann, daß individuell auf die Schwierigkeiten des Schülers eingegangen werden kann und daß der Schüler angehalten wird, regelmäßig und gezielt zu lernen.

Eine Nachhilfestunde darf keine Hausaufgabenüberwachung sein. (Hausaufgaben müssen zusätzlich und selbständig angefertig werden.) Der Schüler sollte vor allem zu eigenem Denken und Arbeiten angehalten und so gefördert werden, daß er möglichst schnell wieder alleine erfolgreich lernen kann.

Ganz wichtig: Man muß mit dem jeweiligen Fachlehrer sprechen und ihm sagen, daß man besser werden möchte und sogar Nachhilfestunden nimmt. Der Lehrer soll unbedingt von der Nachhilfe wissen. Dies ist ganz besonders wichtig, weil er so eine verbesserte Schülerleistung als echten, erarbeiteten Fortschritt anerkennt. Es kann sogar über »Bestehen« oder »Nichtbestehen« entscheiden, weil der Lehrer, zwischen zwei Noten schwankend, die bessere Zeugnisnote vertreten und auch in der Zeugniskonferenz damit begründen kann, daß der Schüler durch die Nachhilfe mittlerweile bisherige Lücken gefüllt hat und daher im kommenden Schuljahr an die zuletzt erzielten, positiven Leistungen anknüpfen wird.

Damit eine wirklich planvolle, an den unterrichtlichen Notwendigkeiten orientierte Nachhilfe gegeben werden kann, sollen auch Fachlehrer und Nachhilfelehrer miteinander sprechen.

Das intensive Lernen auf ein Fach, z. B. Mathematik, darf jedoch nicht auf Kosten eines anderen Vorrückungsfaches geschehen. Sonst kann der Fall eintreten, daß ein Schüler sich zwar (mit Hilfe des Nachhilfelehrers) in diesem Fach auf ein

»Ausreichend« gerettet hat, jedoch trotzdem überraschenderweise wegen eines stark vernachlässigten »Nebenfaches« durchfällt.

b) *Selbst Nachhilfestunden geben* (!) wäre äußerst positiv. Man lernt sehr viel dabei und verdient nebenbei noch Geld.

Das eigene Grundwissen wird vermehrt und automatisiert. Vor allem aber wird die Konzentrationsfähigkeit enorm verbessert, so daß man in eigenen Prüfungen weniger oder gar keine »dummen« Fehler mehr macht. Die bewußtere Beschäftigung mit dem Stoff, das Nachdenken über die beste Art, ihn einem anderen zu erklären, wirkt sich positiv auf die eigenen Noten aus. Keine Angst, daß man nicht genug weiß! Um Nachhilfe erteilen zu können, braucht man nicht unbedingt ein besonders guter Schüler zu sein. Natürlich muß man sich vorbereiten und überlegen, was und wie etwas gemacht wird. (Die Lehrer müssen das ebenfalls, immer wieder.) Dadurch lernt man aber selbst endlich Gesetzmäßigkeiten, die bisher nicht so klar durchschaut wurden. Oft hilft man dem Nachhilfeschüler schon allein dadurch, daß man ihn zwingt, seine Lern- und Denkfaulheit zu überwinden und ihm zeigt, wie gelernt werden soll.

Ähnliche Vorteile bringt es, wenn Schüler mit (einem) Klassenkameraden über bereits gelernten Stoff (!) diskutieren und sich gegenseitig abfragen. Vieles wird dabei noch klarer. Wer hat nicht schon erlebt, daß, noch während man eine Frage ausspricht, die Lösung sich von selbst einstellt? Deshalb sollten Schüler beim Lernen zwischendurch auch laut reden, um zu überprüfen, ob sie das Aufgefaßte einleuchtend darlegen können.

- Nicht »gescheiter« sein wollen als der Lehrer! Nicht angeben und nicht durch möglichst komplizierte Gedankengänge, Spitzfindigkeiten, störende Zwischenrufe und nebensächliche Fragen seine »Intelligenz« unter Beweis stellen! Gute Schüler haben das nicht nötig und machen so etwas normalerweise auch nicht.
  Es genügt zunächst, sich das zu merken und zu wissen, was der Lehrer im Unterricht bringt. Man darf sich nicht von Nebensächlichkeiten ablenken lassen und dabei das »Normale«, das Wesentliche vernachlässigen. Sonst wären schlechte Noten die Folge.
- Sehr negativ ist es auch, wenn ein Schüler gleich alles weiß, gelegentlich schon bevor der Lehrer noch seinen Satz zu Ende gesprochen hat. Ein solcher Schüler gibt sich mit seinen vorschnellen »Erkenntnissen« zufrieden, ohne sich den Stoff weiterhin einzuprägen, paßt nicht auf, schaut stolz in die Runde. Er erzielt deswegen oft schlechte Leistungen, weil er gar nicht richtig zuhört und meist nur sein Ultrakurzzeitgedächtnis einsetzt.
- Solche Schüler lassen sich auch gerne ablenken, spielen den »Klassenkaspar«, um sich trotz ihrer schlechten Noten zu profilieren. (Warnung: Die Mitschüler haben schon die richtige Meinung. Wirklich!) Und alles bloß, weil sie sich nicht auf das Wesentliche konzentrieren wollen bzw. können. Sie werden »abgehängt«.
- Ihre Gedanken beschäftigen sich auch sonst fast nur mit außerschulischen Dingen (Sport, Freund/in, Musik, Party . . .). Schulische Gedanken werden deshalb sofort überlagert und ausgelöscht, also gar nicht gespeichert. Das Interesse für Sport z. B. ist oft sehr stark ausgeprägt. Dafür werden auch willig große Opfer an Zeit und Geld gebracht.

Allerdings wechselt selbst hier vielfach das Interesse sehr schnell.

- Zu dieser Gruppe gehören Schüler, die einen Wechsel der Schulgattung hinter sich haben (z. B. am Gymnasium gescheitert und jetzt an einer Realschule sind usw.) oder die schon einmal eine Klasse wiederholen mußten. Die Ursache ihres Versagens ist oft nicht fehlende Intelligenz, sondern die Tatsache, daß sie schon früher eine falsche Einstellung zum Lernen zeigten. Ein sehr hoher Prozentsatz dieser Schüler scheitert früher oder später erneut, weil sie sich nicht bemühen ihr Verhalten zu ändern. Nach eventuellen Anfangserfolgen glauben sie, dies nicht nötig zu haben.
- Es kommt immer wieder vor, daß Schülern gegen Ende eines Schuljahres erst wirklich bewußt wird, wie schlecht sie in einigen Fächern stehen. Ein Jahr wiederholen wollen sie freilich nicht, vor allem da sie ja dann mit ihren bisherigen Schulkameraden nicht mehr in derselben Klasse wären. Plötzlich wollen sie das Ruder noch herumreißen, lernen auch die letzten zwei bis drei Wochen und glauben, die Faulheit des ganzen Jahres damit ausgleichen zu können.

  Dies ist sehr oft eine Fehlkalkulation. Selbst wenn sie vom Fachlehrer noch eine Extrachance erhalten, so ist es rein rechnerisch meist gar nicht mehr möglich, eine ausreichende Note ins Zeugnis zu bekommen. Es ist auch sehr wahrscheinlich, daß ein Lehrer, der genügend Noten von einem solchen Schüler hat, gar nicht bereit ist, diesem »Saisonarbeiter« entgegenzukommen; vor allem dann nicht, wenn der Schüler durch sein Verhalten den Unterricht gestört, den Lehrer »geärgert« hat. Im übrigen macht es einen recht eigenartigen Eindruck, wenn ein Lehrer ins Notenblatt folgende Noten eingetragen hat: 4, 5, 5; 5, 6, 5, 1 (!) . . . 31 : 7 = 4,42. Auch Lehrer müssen sich rechtfertigen!

  Man sollte eben regelmäßig etwas tun, am Unterricht aktiv

mitarbeiten, sein Interesse und seinen guten Willen zeigen. Die Mitarbeit kann sehr entscheidend für die Note sein. Wer aber zu Hause wenig oder nichts tut, sollte zumindest in der Schule so tun als ob. Understatement (Untertreibung), das heißt in diesem Fall faul zu erscheinen, kann sich nur ein sehr guter Schüler leisten.

- Viele Schüler bekommen auch schlechte Noten durch ihr ungeschicktes Verhalten:
  Man darf nicht zeigen oder gar dem Lehrer ins Gesicht sagen: »Ich habe keinerlei Interesse an diesem Fach, ich will ja gar nicht ...« Was soll der Lehrer dann schon viel an Leistung erwarten? Bei mündlichen Prüfungen hat das einen sehr negativen Einfluß auf die Note!
  Wenn man wirklich einmal »blank« ist, sollte man dies nicht erkennen lassen oder es gar schon vor der ersten Frage bekennen. Man muß versuchen, trotzdem sicher aufzutreten und darf sich nicht aufgeben; schlechter als »ungenügend« kann es nicht werden, wohl aber besser.
- Schüler bedenken bei ihrem Verhalten in der Schule häufig auch nicht, daß in Konferenzen bei Abstimmungen der Lehrer eines »unwichtigen« Nebenfaches ebenfalls eine Stimme hat, die sehr wohl über Bestehen oder Nichtbestehen entscheiden kann.

Wer sich in einem oder gar in mehreren der acht Punkte angesprochen fühlt, sollte *sofort* mit allen Mitteln versuchen, diese negative *Einstellung* zu *ändern*, egal wie schwer es fällt.
Wer dies nicht macht, scheitert mit Sicherheit.

46 Ausreden (Der Lehrer ist schuld)

Es gibt Schüler, die bei einer schlechten Note alle möglichen Ausreden finden, sie selbst haben selten die Schuld.

Häufig trägt ihrer Meinung nach die Hauptschuld der Lehrer. »Er ist . . ., er kann mich nicht leiden, er erklärt schlecht, er . . .« Eine typische Schülerreaktion ist sodann, daß man bei diesem Lehrer keine Lust mehr hat zu lernen, vielleicht auch, um ihn mit einer schlechten Note zu »bestrafen«. Aber man bestraft nur sich selbst.

Auch wenn etwas dran ist: Immer liegt der Nachteil alleine beim Schüler, wenn er aus einer Abneigung heraus nicht aufpaßt, wenig Lust zum Lernen hat und deswegen schlechte Noten erhält. Diese Abneigung kann schon durch eine Kleinigkeit ausgelöst werden, durch eine unbedachte Bemerkung, durch nicht genügende Beachtung oder durch eine (vermeintliche?) Ungerechtigkeit des Lehrers.

Es kann aber auch sein, daß ein Schüler gegen nahezu jeden Lehrer eingestellt ist und die in der Öffentlichkeit nicht selten verbreitete Meinung übernommen hat, Lehrer seien eben grundsätzlich die »Gegner« der Schüler. Oft besteht deshalb ein aufreibender Kampf zwischen Schülern und einzelnen Lehrern, der völlig sinnlos ist, vor allem auch deswegen, weil der Verlierer immer schon von Anfang an feststeht . . . Natürlich soll man sich Ungerechtigkeiten nicht gefallen lassen. Berechtigte Kritik soll ruhig vorgebracht werden, dann aber gleich an der richtigen Stelle, zum richtigen Zeitpunkt und in der richtigen Art (dem Lehrer das Gesicht vor der Klasse lassen!), so daß sich der Aufwand auch lohnt. Nur aus Prinzip Recht behalten zu wollen, bringt wenig. Und Achtung! Lehrer sind schon von Berufs wegen gewohnt, Recht zu haben; für Schüler eine schwierige Ausgangssituation!

Ist aber nun einmal das Verhältnis sehr getrübt, so kann dies am besten durch ein ruhiges, offenes *Einzel*-Gespräch mit dem Lehrer (evtl. mit Eltern) verbessert werden. Dabei zeigt sich häufig, daß vieles auf Mißverständnissen beruht. Auf alle Fälle sollte in einem solchen Gespräch deutlich herauskommen, daß man als Schüler bereit ist, Fehler abzustellen und fleißig zu lernen. Es ist auf keinen Fall förderlich, den Lehrer unbedingt überzeugen zu wollen, daß er »an allem schuld« ist. Die Wirkung ist verblüffend, ähnlich wie bei asiatischen Kampfsportarten, wo man durch Nachgeben siegt. Obwohl durch die eigene geänderte Einstellung hervorgerufen, glaubt man, der Lehrer habe sich geändert und sei einem plötzlich gar nicht mehr so »feindlich«, sondern ausgesprochen »freundlich« gesinnt. Man lernt lieber, und die Noten werden überraschend schnell besser. Man geht auch wieder gern in die Schule und hat dort, ebenso wie zu Hause, weniger Ärger.

Es gibt nun Schüler, die fordern durch ihr Verhalten den »Widerstand« ihres Lehrers heraus und bewirken zugleich durch ihre negative Einstellung zum jeweiligen Fach häufig genug ihre schlechten Noten. Viele von ihnen bekommen fast bei jedem Lehrer Schwierigkeiten, sind immer die »Schuldigen«, obwohl sie glauben, »nichts« getan zu haben. Wie ungerecht!?

Andererseits ist es jedoch erstaunlich und sollte zu denken geben, daß selbst neue Lehrer nach spätestens zehn Minuten den Namen solcher Schüler kennen –. Diese Schüler sind oft recht intelligent, haben aber ein (zu) starkes Gerechtigkeitsgefühl und Geltungsbedürfnis: Sie verzetteln sich mit Nebensächlichkeiten und hindern sich selbst am Erfolg. Diesen Schülern fällt es sehr, sehr schwer, sich zu ändern. Sie sind vielfach »unbelehrbar« und leider an der falschen Stelle aktiv und hartnäckig. Man darf sich nicht in etwas hineinsteigern und nicht durch übersteigerten Gerechtigkeitssinn den »Helden« spielen wollen. Helden »leben« nicht lange!

Dies sieht mancher sicherlich nicht so leicht ein, es ist aber

Realität. Selbst wenn man das Schuljahr »überlebt«, sind die Nachteile sehr groß. Insbesondere in einer Fremdsprache oder in Mathematik z. B. sind durch Unaufmerksamkeit, »aktive« Faulheit aus Abneigung gegen den Lehrer in diesem Fach die Lücken bald so groß, daß der versäumte Stoff im folgenden Schuljahr kaum mehr aufgeholt werden kann. Also nicht gegen einen Lehrer »arbeiten«! Es ist leichter, seine eigene Einstellung zu ändern als den Lehrer.

Eine wichtige Voraussetzung für gute Noten ist nun einmal, daß die Einstellung eines Schülers zum Lehrer, und damit oft gleichzeitig zum entsprechenden Fach, positiv ist. Ist dies nicht der Fall, so kann nur noch über eine Trotzreaktion versucht werden, die Noten zu verbessern. »Gerade extra! Dem zeige ich, was ich leisten kann . . .«, wäre dann die richtige Reaktion. Man sollte sich darauf freuen, was »DER« für Augen macht, wie »DIE« sich ärgert (!), wenn man alles weiß. Dadurch kann Unlust umgepolt werden.

Vor allem wenn bei einem bestimmten Lehrer die »ganze« Klasse Probleme hat, nicht aufpaßt und nicht lernt, können durch eigenes »Trotzlernen« gute Noten erzielt werden, weil man schon mit einer mittelmäßigen Leistung aus der Klasse herausragt. Das heißt nun nicht, daß man dabei ein Duckmäuser oder ein typisch negativer und unbeliebter Streber zu sein braucht, der aus der Klassengemeinschaft ausgeschlossen wird. Man kann sehr wohl mit der Klasse solidarisch sein und Kameradschaft beweisen.

Eine schlechte Note darf auch nicht deswegen leicht genommen werden, weil der Freund, der Nachbar oder andere Mitschüler ebenfalls schlechte Noten haben. Dies hilft später keineswegs, die gewünschte Stelle bzw. einen Studienplatz zu bekommen. Man sollte sich immer nur am oberen »Tabellendrittel« orientieren, am Lernverhalten und den Leistungen der Besseren.

47 Eltern – Lehrer

Entscheidend für Erfolg oder Mißerfolg in der Schule kann das Verhalten der Eltern sein.

Leistungsfördernd ist eine enge Zusammenarbeit zwischen Eltern und Schule. Regelmäßiger Kontakt mit den Lehrern sollte gepflegt werden. Möglichkeiten dazu bieten die Sprechstunden eines Lehrers, die Elternsprechtage, Elternversammlungen, die Mitgliedschaft im Elternbeirat und die Teilnahme an den verschiedenen Veranstaltungen in der Schule. Natürlich mag dies oft nicht einfach sein. Häufig fehlt die Zeit, aber man kann auch telefonieren. Keine Angst und sich nicht von negativen Erlebnissen aus der eigenen Schulzeit abhalten lassen!

Grundsätzlich sollten Eltern in Gegenwart der Kinder sehr zurückhaltend sein mit negativen Urteilen über Schule und Lehrer. Das Verhalten und die Einstellung des Kindes werden dadurch stark geprägt mit allen negativen Auswirkungen auf die Noten.

Spricht man möglichst früh mit dem Lehrer über Schulprobleme seines Kindes, so kann oft noch rechtzeitig eine Lösung gefunden werden. Die Lehrer sind gerne bereit, nach ihren Möglichkeiten zu helfen. Sie wissen auch recht gut, wo angesetzt werden muß; sie haben täglich mit ähnlichen Problemen zu tun. Der Lehrer sieht den Schüler auch nicht isoliert, sondern kann ihn mit den anderen Schülern der Klasse vergleichen. Außerdem ist es für die Eltern interessant, einmal nicht alles von der Seite des Kindes zu hören ... Übrigens kann es in manchen Fällen helfen, wenn der Lehrer von besonderen privaten Problemen hört, welche möglicherweise die schulischen Leistungen eines Kindes beeinträchtigen. Nur so können diese berücksichtigt und ausgeglichen werden.

Eine offene und vertrauensvolle *Zusammen*arbeit zwischen Eltern und Lehrern liegt hier im Sinne des Schülers.

48 »Durchfallen«

»Durchfallen«, eine Klasse wiederholen zu müssen, das freut sicher keinen und sollte auch grundsätzlich vermieden werden. Man wird aus seiner Klassengemeinschaft gerissen, verliert ein Jahr bis zum Schulabschluß, fängt später an, Geld zu verdienen und somit unabhängig zu werden usw.

Ein Durchfallen soll jedoch nicht immer gleich als große Katastrophe und Schande angesehen werden. Manchmal ist ein solches Nichtvorrücken sogar vorteilhaft: wenn z. B. ein Schüler sich trotz großen Fleißes sehr schwer tut, weil er noch sehr jung oder aus anderen Gründen noch nicht so weit entwickelt ist wie andere Schüler seiner Altersklasse, was immer wieder vorkommt. Hier kann ein – eventuell sogar freiwilliges – Wiederholen große Vorteile in der allgemeinen Entwicklung des Schülers bringen. Er wird freier und selbstbewußter, nicht zuletzt wegen der deutlich besseren Schulleistungen. Er muß nicht mehr so kämpfen und auch nicht die vielen Mißerfolge einstecken.

Auch für Schüler, die durchfallen, weil sie eine falsche Einstellung zur Schule hatten, zu faul waren und zu viele außerschulische Sachen im Kopf hatten, kann eine zwangsweise Wiederholung sehr heilsam sein. Dann jedenfalls, wenn sie einsehen, warum sie gescheitert sind und sich wirklich ernsthaft bemühen, sich zu ändern. Besser sammelt man Erfahrungen mit den Folgen von Fehleinstellungen jetzt als dann später im Beruf!

Weiß nun ein Schüler frühzeitig, daß er freiwillig oder gezwungenermaßen wiederholen wird, sollte er nicht einfach im Lernen ganz nachlassen, sondern im Gegenteil *versuchen, möglichst viel für das Wiederholungsjahr »vorzulernen«*. Dabei muß vor allem das Grundwissen in Fremdsprachen und Mathematik ausgebaut und eingeübt werden.

Bei einer Wiederholung hat der Schüler dann eine Reihe von Vorteilen. Er ist reifer und hat zunächst einen wichtigen Vorsprung beim Lernen. Ähnliches erlebt, wer einen Film zum zweitenmal anschaut. Er sieht plötzlich viele Dinge, auf die er beim ersten Sehen nicht geachtet, die er gar nicht richtig wahrgenommen hat. Jetzt versteht er den Sinn und Zweck auch dieser Einzelheiten.

Diesen Vorsprung darf man aber im nächsten Jahr nicht leichtsinnig verspielen und sich nicht auf den »Lorbeeren«, den guten Noten am Schuljahresanfang, ausruhen. Dies ist eine sehr große Gefahr. Viele Schüler verhalten sich leider so. Die Folge davon ist, daß häufig im zweiten Halbjahr wieder die schlechten Noten kommen, es ohne Übergang abwärts geht wie im Sturzflug, der dann nicht mehr aufzuhalten ist.

Man darf sich also nicht durch Anfangserfolge täuschen lassen und alles wiederum zu leicht nehmen!

Oft ist ein Durchfallen unnötig und eine Wiederholung sinnlose Zeitverschwendung. Dabei scheitern viele Schüler deswegen, weil sie zu große Angst haben, rechtzeitig über *alle* schlechten Noten daheim zu berichten. Der Schaden wird dadurch immer größer. Wenn schließlich doch gebeichtet werden muß, ist es für jede Hilfe zu spät. Natürlich werden Mißerfolge verschwiegen, weil einschneidende Maßnahmen der Eltern befürchtet werden, die meist auf weniger Zeit für Hobbys hinauslaufen, damit mehr Zeit für das Lernen bleibt. Diese Angst ist berechtigt. Aber wenn man zuwartet, drohen sogar noch härtere Maßnahmen, die obendrein auch nicht mehr helfen. Und häufig ist es wirklich so, daß wenig getan wird, wenn kein Zwang dahinter steht. Hier ist kein Unterschied zwischen Jugendlichen und Erwachsenen. Zum eigenen Nutzen sollten Schüler mutig, offen und vertrauensvoll mit den Eltern sprechen, je früher, desto besser. Nur so kann Hilfe kommen.

49 Prüfungsangst

Ein ganz großes Problem vieler Schüler ist die Angst vor und während einer Prüfung. Infolge ihrer Angst können sie häufig nur einen geringen Teil ihres Wissens in die Prüfung einbringen. Angst schmälert die Leistung, macht sie oft unmöglich.

Es wird nicht angestrebt, das Thema »Prüfungsangst« wissenschaftlich abzuhandeln. Auch kann an dieser Stelle nicht der Sinn oder Unsinn von Prüfungen und der Wert oder Unwert der Notengebung diskutiert werden. Hier wird versucht, mit einigen praktischen Tips zur Bewältigung normaler Prüfungsangst zu helfen.

Wer gut vorbereitet ist, regelmäßig gelernt hat, braucht ja eigentlich keine Angst zu haben. Vielfach ist sie trotzdem einfach da und sperrt jeden Gedanken. Manche Schüler können in Prüfungen kaum schreiben, weil sie vor Angst regelrecht zittern. Anderen ist sehr übel oder sie haben Schweißausbrüche, sind fleckig im Gesicht, können kaum atmen oder spüren ihre Beine nicht mehr.

a) Es gibt nun Schüler, die *grundsätzlich* recht ängstlich und gehemmt sind. Bei ihnen ist der Angsthormonspiegel immer sehr hoch, so daß nur ein wenig mehr Angst eine Blockade auslösen kann; etwa so, wie ein Glas, das randvoll mit Wasser gefüllt ist, schon mit wenigen Tropfen zusätzlich zum Überlaufen gebracht wird. Solche Schüler schreiben oft schlechte Noten, obwohl sie eigentlich viel wissen.

Ärztliche Behandlung und angstlösende oder beruhigende Medikamente sind aber sicherlich nur in Ausnahmefällen notwendig. Dagegen wäre autogenes Training o. ä. sicherlich sehr hilfreich. Erfolgreiche Spitzensportler, die man vor Wettkämpfen oder auch in Pausen ganz in sich versunken sieht, oft mit geschlossenen Augen, konzentrieren sich auf eine solche Weise und schalten alle leistungshemmenden Gedanken, Selbstzweifel und Angstgefühle aus.

Positiv wäre, wenn Schüler vorhandene Überängstlichkeit abbauen könnten und damit grundsätzlich mehr Sicherheit und Selbstvertrauen bekämen. Damit kann man freilich nicht erst in den Minuten vor der Prüfung beginnen. Um das zu erreichen, muß man unter anderem grundsätzlich lernen, mehr an sich zu denken und muß nachdrücklich sagen, was man will bzw. nicht will. Man darf nicht immer überlegen, ob das, was man tut, auch richtig ist oder gefällt und sich auch nicht mit anderen vergleichen. Das führt nur zu Unsicherheit und damit zu Überängstlichkeit.

Ängstliche Schüler können ferner als Training zur Eindämmung von Angstgefühlen etwas tun, was sie normalerweise nicht machen, weil es sich nicht gehört oder weil es verboten ist. Wird absichtlich eine Regel übertreten, nicht nur einmal, sondern wiederholt, so wird der zur Überwindung der Angstschwelle nötige, seelische Kraftaufwand immer geringer: der Angstpegel sinkt. Es genügen schon ganz kleine Übertretungen. Für ängstliche junge Menschen sind dies bereits große Mutproben, und sie kosten anfangs eine Riesenüberwindung. Man muß natürlich zu allem stehen und sich nicht vor den möglichen Konsequenzen drücken. (Robuste, »freche« Typen brauchen solche Übungen selbstverständlich nicht durchzuführen; sie sind schon »cool« genug!)

»Angsthasen« sollten überall im täglichen Leben in kleinen Schritten mehr Mut üben, z. B. einmal bewußt widersprechen, auch Erwachsenen, oder lauter sprechen als üblich, selbst dann, wenn sie unsicher sind oder glauben, etwas Falsches zu sagen. Keine Angst vor Fehlern, jeder macht Fehler!

Eine große Besserung tritt vielfach ein, wenn ein überängstlicher Schüler, selbst bei einiger körperlicher Ungeschicklichkeit sich überwindet und anfängt, aktiv Sport zu betreiben. Kampfsportarten wie Judo oder Mannschaftsspiele wie Fußball, Handball, Rugby usw. sind besonders wirksam. Durch die Härte und den körperlichen Kontakt mit anderen wird Angst abgebaut.

Ganz wichtig ist, daß man grundsätzlich Schwierigkeiten nicht ausweicht. Wer sich dazu nicht aufrafft, baut immer größere Ängste auf. Das führt manchmal so weit, daß Schüler, auch wenn sie gut vorbereitet sind, zu Prüfungsterminen alle möglichen Entschuldigungen suchen, z. B. krank spielen; oft genug werden solche Schüler leider auch wirklich krank.

Eine Minderung der Ängste tritt vor allem durch eigenes, aktives Tun ein. Es ist notwendig, sich Schwierigkeiten zu stellen und zu versuchen, sie zu überwinden. Mißerfolge erleidet jeder zwischendurch, auch der Erfolgreiche. Man darf sich bloß nicht unterkriegen lassen.

Selbstverständlich wäre der beste Weg zur Überwindung der Angst, ihre Ursachen zu finden und sie abzubauen. Da diese aber sehr kompliziert und individuell sind, können dafür in diesem Rahmen keine »Rezepte« gegeben werden. In ernsten Fällen sollte unbedingt ein Psychologe zu Rate gezogen werden. Da sind es dann nicht selten die Eltern, die erst einmal unnötige Hemmungen und Ängste überwinden müssen.

b) Viele der bisherigen Anregungen, die nachfolgend zum Teil kurz wiederholt werden, können helfen, Ängste allgemein und damit auch die Prüfungsangst zu mindern. Was kann man aber nun speziell *zu Hause vor einer Prüfung* dazu tun?

Angst kommt meist nicht erst in der Prüfung. Sie fängt, besonders wenn man langfristig auf eine wichtige Prüfung lernt, viel früher an und wird immer stärker, je näher der Prüfungstermin heranrückt. Gelegentlich können Schüler nicht mehr schlafen.

Das beste Gegenmittel ist: Zwar weiterlernen nach Plan,

aber auch ganz bewußt für Abwechslung und Zerstreuung sorgen. Man muß auf andere Gedanken kommen. Man darf nicht zu sehr auf die Prüfung fixiert sein und nicht immer an die Noten denken, so wichtig sie auch sein mögen. Man muß lokker und entspannt bleiben, darf sich nicht verkrampfen und sich nicht zu sehr abkapseln. Baut sich zwischendurch doch sehr große Angst auf, so sollte man den Mut haben, einige Zeit ganz mit dem Lernen auf diese Prüfung aufzuhören.

Sonst wird durch Angst alles Lernen vergebens! Dies ist besonders wichtig für fleißige, aber sehr ängstliche Schüler.

Es ist sehr negativ, am Tag vor der Prüfung unter Zeitdruck, Hetze und Angst umfangreichen Stoff einpauken oder Lücken füllen zu wollen. Das geht nie und löst deswegen automatisch Angst aus. Man kann nicht alles wissen und sollte deshalb entspannt und in Ruhe nur einige wenige Stoffgebiete kurz wiederholen, wie ein Sportler, der sich vor einem Wettkampf »aufwärmt«. Man darf sich nicht von Kameraden oder den Eltern dadurch verrückt machen lassen, daß Gespräche darüber geführt werden, was alles noch gelernt werden müßte.

Beschleicht einen dennoch Angst, so soll man dies ruhig offen zugeben. Das Aussprechen allein bringt schon Erleichterung, Druck und Angst werden kleiner.

Angst wird ebenfalls aufgebaut bei an sich erfolgreichen Schülern, wenn sie darauf aus sind, ihre Sache besonders gut zu machen. Vorsicht! Sonst kann es passieren, daß man vollkommen durchdreht und statt die beste, eine der schlechtesten Noten der Klasse schreibt, so wie große Sportler gelegentlich kläglich versagen, wenn sie ihre Favoritenrolle, die Erwartungsangst erzeugt, nicht verkraften.

Prüfungsangst kann abbauen, wer den Prüfungsablauf vorher in Gedanken durchspielt. In allen Einzelheiten sollten dabei auch ganz schreckliche Szenen ausgemalt werden. Man muß sich überlegen, welche negativen Dinge eintreten könnten, und sich vorstellen, daß alles schiefläuft, daß man verschlafen hat, zu spät kommt, nichts zum Schreiben mithat, gar nichts weiß, nichts im Prüfungstext erkennt, eventuell sogar für ein ganz falsches Fach gelernt hat. Je intensiver dies wiederholt geschieht, desto besser ist die abhärtende Wirkung. Der Schreck bei solchen Vorstellungen wird nach und nach immer geringer. Der Körper reagiert schließlich nicht mehr auf jede Kleinigkeit mit übermäßiger Produktion von Angsthormonen. In der Prüfung selbst steigt dann der Angsthormonspiegel nicht automatisch wie sonst, weil der Schüler durch dieses Spezialtraining nicht mehr so leicht erschrickt. Der Körper kann dadurch sogar dem Denken und Erinnern förderliche Stoffe produzieren, wenn das Gehirn »wider Erwarten« doch einige bekannte Sachen in den Prüfungsangaben erkennt. Eine Blockade bleibt aus, und das Wissen kann (endlich) gut in der Prüfung verwertet werden.

Man kann sich auch vorstellen, daß die Prüfungsarbeit bereits zurückgegeben wurde mit einer dicken »Sechs« darauf, und dann einen Gedankensprung in die Zukunft machen: Ist nicht diese eine Arbeit, diese eine Note schon in wenigen Jahren so unwichtig, daß niemand mehr daran denkt?

Angst entsteht nämlich vor allem auch, wenn etwas noch nicht entschieden ist. Ist die Ungewißheit vorbei, eine Entscheidung gefallen, und sei sie noch so negativ, ist der Mensch ruhig und hat keine Angst mehr. Wer so tut, als sei die Entscheidung bereits gefallen, beruhigt sich.

Parallel zu dieser Abhärtung sollte unbedingt ein mentales Training mit positiven Gedanken durchgeführt werden, um so das Selbstvertrauen zu stärken. Dies kann in einer Art Autosuggestion (Selbsthypnose) geschehen, wodurch das Unterbewußtsein bei der Überwindung von Angst mithelfen soll.

Das Unterbewußtsein spielt bei Angstzuständen eine große Rolle. Deshalb kann Angst kaum allein mit Willen und Vernunft überwunden werden. Über das Unterbewußtsein ist noch relativ wenig bekannt. Es ist jedenfalls von sehr großer Bedeutung für körperliches und seelisches Wohlbefinden. Es wirkt wie eine Art Computer, der z. B. auch ohne unser eigentliches Zutun auf viele wichtige Körperfunktionen einwirkt.

Das Unterbewußtsein ist in Grenzen steuerbar; es reagiert auf »Befehle« und befolgt sie. Einen Beweis dafür haben schon viele Menschen erlebt, wenn sie vor dem Einschlafen sich fest vorgenommen haben, zu einer bestimmten Uhrzeit am Morgen aufzuwachen. Das funktioniert; also kommt es nur auf den richtigen Weg an.

Wer die Angst bekämpfen will, sollte also versuchen, auf das Unterbewußtsein Einfluß zu nehmen. Wie bei einem Computer muß die »Software«, das gespeicherte Programm verändert bzw. ausgetauscht werden. Tief eingegrabene Rinnen der Angst gilt es einzuebnen und andere, positiver Denkart, neu zu ziehen. Dies soll eben durch Autosuggestion erreicht werden.

Autosuggestion kann auf alle möglichen Arten durchgeführt werden. Wer sich näher darüber informieren möchte, sei auf Kurse und entsprechende Fachliteratur verwiesen. Hier sollen nur einige grundsätzliche Punkte kurz angeführt werden:

- Man muß klar wissen, was man will.
- Dieses Ziel wird sodann in einem möglichst kurzen und einprägsamen Merksatz gefaßt, als sei das Ziel bereits erreicht (z. B. »Ich bin . . .«, »Ich habe eine . . . geschrieben.«). Man kann sich zusätzlich intensiv in allen Einzelheiten bildlich vorstellen, wie schön das ist.
- Dabei wirkt sich günstig aus, wenn man körperlich und geistig entspannt ist. Deswegen ist die Zeit vor dem Einschlafen und auch am Morgen nach dem Aufwachen optimal dafür.
- Man muß durchhalten bis zum Erfolg, wenn nötig wochenlang, und darf nicht an der Wirkung zweifeln.

Kommt irgendwann Angst auf, muß man sofort mit aufbauenden Gedanken entgegenwirken, so daß allmählich eine Verdrängung oder sogar Auslöschung der negativen Einflüsse zustandekommt. Möglich ist hier z. B., daß man sich immer wieder Mut zuspricht, indem man sich selbst eindringlich sagt: »Ich habe regelmäßig gelernt, ich packe es schon. So viele andere schaffen es; die kochen auch nur mit Wasser . . .« Dabei soll man mit dem Unterbewußtsein fest und bestimmt in direkter Rede sprechen, es bei leichten Fortschritten auch loben wie ein kleines Kind. Man darf nicht ungeduldig werden. Eine Umstellung braucht Zeit. Was sich in vielen Jahren eingegraben hat, kann nicht so einfach gelöscht werden.

Aufkeimendes Selbstvertrauen darf nicht durch Zweifel zerstört werden. Wer sich sagt: »Mathematik . . . lerne ich nie, ich schaffe es doch nicht . . .«, schafft es wirklich kaum. Überhaupt ist hier bei allem von entscheidender Bedeutung, daß man grundsätzlich nur positive »Befehle« gibt, d. h. ohne das Wort NICHT. Negative Befehle werden anscheinend als solche nicht sofort in ihrer wirklichen Bedeutung wirksam. Ein Befehl wie z. B. »Wirf das Glas nicht um!« wird in der Auswirkung jedenfalls häufig zu »Wirf das Glas um!«. Man macht deswegen oft gerade die Fehler, die man vermeiden möchte: Man stößt auf festlich gedecktem Tisch ein volles Glas um, läßt einen wertvollen, zerbrechlichen Gegenstand fallen, stolpert gerade dann, wenn . . . usw.

Am Abend vor der Prüfung braucht man nicht besonders früh zu Bett gehen. Dies bringt nur Nachteile. Günstig ist, wenn Schüler sich bewußt ablenken, untertags durch Spazierengehen oder leichten Sport, abends vielleicht durch einen anspruchslosen Film usw. Alles soll der Entspannung dienen. Man darf nichts Extremes oder sehr Anstrengendes tun, weder geistig noch körperlich.

Gibt es dann trotzdem Schwierigkeiten mit dem Einschlafen, so hilft oft, wenn man noch eine Kleinigkeit ißt, evtl. einen Schlaftrunk (nach Hausrezept) nimmt, nach Möglichkeit aber keine Schlaftabletten. Ungünstig sind auch Kaffee oder Tee, ebenso Vitamintabletten; die machen wieder munter!

Gesunder Schlaf ist sehr wichtig. Müdigkeit in der Prüfung führt ähnlich wie körperliche Überanstrengung zu Unkonzentriertheit und somit zu Fehlern. Man sollte also alles unterlassen, was länger anhaltend ermüdet.

c) **Am Tag der Prüfung** und unmittelbar vor der Prüfung muß alles vermieden werden, was Angst auslösen kann. Keine Hetze! Auch wer gewöhnlich nur im »Vorbeigehen« frühstückt, sollte sich am Prüfungstag mehr Zeit zum Frühstück nehmen. Die Hetze setzt sich sonst möglicherweise bis in die Prüfung fort.

In der Schule darf man sich nicht noch kurz vor der Prüfung aus der Ruhe bringen lassen. Eine große Gefahr geht hier von den Mitschülern aus, die noch hektisch irgendwelche Probleme unbedingt gelöst haben wollen. Hier soll man auf keinen Fall mitmachen und sich nicht von der allgemeinen Aufregung anstecken lassen!

Man kann zwar zuhören, aber nicht intensiv mitdenken, mitmachen oder gar aus Angabe noch kurz vor der Prüfung Wissen abrufen. Es hat auch keinen Sinn, für sich selbst zu diesem späten Zeitpunkt schnell noch den Prüfungsstoff wiederholen oder »allerletzte« Lücken schließen zu wollen, etwa in einer Unterrichtsstunde unmittelbar vor der Prüfung. Einmal muß Schluß sein! Jetzt ist nichts mehr zu verbessern. Eher würde man das Gegenteil bewirken. Das ist, als zündet man ein Streichholz fünf Minuten vor dem eigentlichen Gebrauch an, um nachzuprüfen, ob es auch gut ist.

Man muß sich bewußt durch Konzentrationsübungen zur

Ruhe bringen und versuchen, möglichst entspannt und gelassen zu sein.

Um sich abzulenken, kann man an etwas Schönes denken, an einen lieben Menschen, an sein Lieblingstier oder an eine Blume. Positive Reaktionen löst auch aus, wer sich einredet, daß er es schon schaffen wird, oder daß in . . . Stunde(n) alles vorbei ist und er sich, egal, wie es in der Prüfung geht, anschließend etwas Besonderes gönnt. Die Aussicht auf etwas Angenehmes löst gewöhnlich den Ausstoß denkleistungsfördernder Hormone aus und verringert die unangenehmen Nebenwirkungen der Angst im Gehirn.

Der Schüler kann sich auch vorstellen, daß die Prüfung nur eine Übung ist, auf die es keine Note gibt, so daß er ganz gelassen bleiben kann.

Solche psychologischen Tricks können gut helfen, Angst abzubauen.

Beruhigend wirkt, wenn man etwas ißt, ein Stücken Schokolade oder etwas Traubenzucker. Auch Kaugummi kann hier helfen. Die Magennerven werden beruhigt, außerdem ist Zukker immer gut für die Gehirnarbeit, zum Aufbau der Denkleitungen.

Prüflinge sollten zwar ruhig, aber nicht »wurstig«, gleichgültig sein. Eine gewisse Anspannung ist positiv und macht sogar noch zusätzlich Kräfte frei.

d) **In der Prüfung** selbst darf ein Schüler nichts erzwingen wollen und nicht denken, »Ich muß eine . . . schaffen, sonst . . .«. Das Ergebnis ist deswegen oft besonders schlecht. Vor allem darf er nicht wie wild anfangen zu schreiben! Dies ruft Angst hervor. Zur Beruhigung kann er zunächst einmal aus dem Fenster schauen, tief durchatmen, sich dehnen und strecken und dann erst die Aufgaben in Ruhe durchlesen, danach sich nochmals kurz sammeln und dann in Ruhe anfangen. Zu seiner weiteren

Beruhigung trägt bei, wer mit einer möglichst einfachen Aufgabe anfängt. Dabei muß man konzentriert Schritt für Schritt vorgehen, ohne immer an die Note zu denken. Einzelne schwierige Details, fremde Wörter im Text usw. dürfen keine Panik auslösen.

Wer stark unter Prüfungsangst leidet, sollte unbedingt zwischendurch immer wieder tief durchatmen, sich strecken oder die eine oder andere isometrische Übung zur Entspannung machen.

Man kann sich auch vorstellen, daß man zu Hause an seinem Lernplatz ist. Man wird dadurch nicht nur ruhiger, sondern erinnert sich möglicherweise auch wieder an alles, das man dort gelernt hat. Eine ähnliche Wirkung haben schon viele erlebt: Man will etwas erledigen, geht dazu in einen anderen Raum und hat plötzlich vergessen, was man eigentlich wollte. Kehrt man zurück an den Ort, an dem der Gedanke kam, so erinnert man sich ebenso plötzlich wieder! Anscheinend baut die Umgebung oder nur ein einzelner Gegenstand Gedankenbrücken wieder auf. Deshalb kann es auch manchmal nützen, einen kleinen Gegenstand vor sich hinzulegen, der das Bild der häuslichen Umgebung wachruft.

Keine Angst vor Zeitverlust! Ein zu schnelles Vorgehen läßt vorhandene Angst nicht abklingen, sondern baut sie eher noch auf. Dies bringt Mißerfolg, was sich ja hinlänglich durch die bisherigen schlechten Noten bei ängstlichen Schülern gezeigt hat. Also . . .

e) Manche der hier gegebenen Tips mögen zunächst eigenartig klingen, vor allem für jemanden, der selbst nicht mit diesem Problem zu kämpfen hat.

Angst ist bei jedem anders. Es gibt die verschiedensten Auslöser. Deswegen können auch die unterschiedlichsten Mittel helfen. Wer immer wegen seiner Angst daran gehindert wird, gute Noten zu erzielen, sollte unbedingt systematisch dagegen ankämpfen und die aufgezeigten Tips erproben. Es kann nur besser werden.

Man muß anstreben, ein halbwegs robuster, einigermaßen nervenstarker »Wettkampftyp« zu werden, der dann etwas leisten und alles mit voller Konzentration geben kann, wenn es darauf ankommt. »Trainingsweltmeister« gewinnen keine Medaillen! Genausowenig nützt es, wenn ein Schüler dem Lehrer sagt, daß er (am Tag) vorher noch alles gewußt habe, aber...

Im übrigen sei hier nochmals auf ärztliche Behandlung in Sonderfällen hingewiesen, auf Kurse in autogenem Training sowie auf Spezialliteratur (zu erfragen in Bibliotheken und Buchhandlungen).

Ein spezielles Problem sind mündliche Examina. Die Anspannung ist häufig besonders groß, weil der Prüfling gleich vor mehreren Prüfern sitzt. Die ganze Situation ist meist neu. Außerdem geht es vielfach um eine ganz entscheidende Note. Es besteht deshalb die Gefahr, daß der Schüler sehr eingeschüchtert und ängstlich ist. Man sollte also schon lange vorher jede Gelegenheit nutzen, sich in eine ähnliche Situation zu begeben. Das könnte ein Referat mit Diskussion sein, die Beteiligung an einem Radioquiz oder an einem Erwachsenengespräch über ein Thema, bei dem man sich gar nicht so sicher fühlt. Noch besser wäre es, sich zu einer freiwilligen Prüfung in einem Fach zu melden, in dem es einem auf eine Note besser oder schlechter nicht so sehr ankommt. Wie bei der Generalprobe im Theater würde da der allgemeine Ablauf trainiert. Der Schüler lernt die Atmosphäre kennen, merkt, daß es gar nicht so schlimm ist, und trifft im »Ernstfall« auf eine ihm schon bekannte Situation. So baut sich wesentlich weniger Angst auf, die Nervenanspannung ist geringer. Eine solche Erfahrung ist oft entscheidender als alles Lernen.

Wer gute »Wettkampferfahrung« hat, wird viel gelassener in eine wichtige Prüfung gehen als Schüler, die so etwas noch nie durchgemacht haben. Diese bringen deswegen häufig nur einen geringen Teil ihres Wissens und Könnens an.

Im Sport baut ein guter Trainer nicht ohne Grund gerade bei wichtigen Meisterschaften erfahrene, »alte« Spieler in eine Mannschaft ein.

Wenn eine Vorbereitung dieser Art nicht möglich ist, sollte man sich, wie vor anderen Prüfungen, die ganze Situation vorstellen. (Evtl. Mitschüler oder Lehrer fragen!)

Günstig kann sich hier auswirken, wenn man zu Hause eine Prüfung durchspielt: Man stellt sich den Prüfungsraum und die prüfenden Lehrer intensiv vor und beantwortet im Stehen einige selbst ausgedachte Fragen. Dabei wird die Wirkung positiv verstärkt, wenn man alles mit einem Kassettenrekorder aufnimmt, ähnlich wie man es auch bei der Vorbereitung auf einen Vortrag usw. machen sollte. Das Aufnahmegerät übernimmt dabei die Funktion der Zuhörer. Auf diese Weise ist das Wissen auch in der Prüfung ohne allzu große Angst leichter abrufbar.

In der Prüfung muß der Schüler Ruhe bewahren und offen sein für Einwände und Zusatzfragen. Er darf nicht versuchen, angelerntes Wissen abzuspulen. Auch in mündlichen Prüfungen ist neben reinem Wissensstoff vor allem Denkarbeit äußerst wichtig. Bei Fragen, die nicht genau verstanden wurden, soll man unbedingt zurückfragen, sich die Frage wiederholen oder sogar erläutern lassen. So gewinnt man kostbare Zeit zum Überlegen und findet möglicherweise aus der Betonung bzw. der näheren Erklärung den Lösungsansatz. Aktives, mitdenkendes Zuhören kann die Note erheblich verbessern. Wenn nötig sollte man den Mut aufbringen, die Beantwortung einer Frage zurückzustellen; gelegentlich kommt die Lösung noch! Überhaupt muß man sich um ein sicheres Auftreten bemühen, selbst wenn es schwerfällt. Man darf aber nicht rechthaberisch sein. Eine Konfrontation mit dem Prüfer ist zu vermeiden. Sehr wichtig ist übrigens, daß man in den Prüfern nicht »Gegner« sieht, die einem etwas »Böses« antun wollen. Das führt unweigerlich zu einer Verkrampfung mit negativen Folgen.

Ein mündliches Examen ist auch der falsche Ort, um durch außergewöhnliche Kleidung oder Frisur aufzufallen oder dadurch seinen Protest gegen irgend etwas auszudrücken.

- Ideal wäre natürlich, wenn Schüler von sich aus, unabhängig von Prüfungen und Noten, gerne lernen würden, weil sie etwas wissen wollen, Spaß an allem Neuen haben. Dies ist aber bei der Mehrzahl der Schüler leider nicht der Fall. Es kommt auch kaum vor, daß sich jemand über so viele Jahre für jedes Schulfach und in jedem Fach für jedes Detail interessiert. Vielfach wird das Lernen gar als lästiges Übel angesehen, das man nur dann auf sich nimmt, wenn es wirklich unbedingt sein muß. Die Noten sind entsprechend.
  Die geistige Einstellung ist wichtig. Man muß grundsätzlich wollen, die Notwendigkeit des Lernens einsehen und begreifen, daß der Mensch nur so lange lernfähig bleibt, als er sich *Neugier* und Offenheit für alles mögliche bewahrt. Wer sich allzu früh und allzu ausschließlich auf ein paar Interessensgebiete beschränkt, nimmt sich viele Lebenschancen und macht sich selbst zu einem geistigen Greis.
- Gut wäre, wenn zu einem Fach eine *persönliche Beziehung* hergestellt werden könnte. Eine solche Beziehung könnte z. B. in einer modernen Fremdsprache eine geplante Reise in das betreffende Land oder eine Brieffreundschaft sein. Schüler haben ein Fach und den Lehrer gerne, wenn sie gute Noten haben. Sie lernen dann sehr fleißig. Der Erfolg motiviert, treibt an. Gute Schüler haben es da leicht und sind deswegen sehr im Vorteil.
- Schwächere Schüler können aber diese Leistungsmotivierung auch erhalten, wenn sie sich beim Lernen zunächst auf kleine, *überschaubare Teilgebiete* beschränken. Ein Erfolg ist so möglich und spornt an. Man darf nur nicht aus falschem Ehrgeiz zu viel wollen: Statt eines Erfolgserlebnisses, statt stolz auf sich sein zu können, wird sonst zu leicht das Gegenteil erreicht. Man ist enttäuscht und gibt auf.

Wer in einem Fach große Lücken hat, soll nicht immer den riesigen »Berg« sehen, sonst fängt er gar nicht erst an. Also Schritt für Schritt vorgehen, es geht schon . . ., aber nur so! Es ist z. B. leichter, in Geschichte schnell eine bessere Note zu erreichen als nach jahrelanger Faulheit in einer Fremdsprache. Dort ist eine Verbesserung nur bei Teilabfragen über den Stoff der letzten Stunde möglich.
Manche Schüler überwinden sich selbst und lernen, wenn sie *Lernlisten* mit vielen Einzelpunkten aufstellen und durchstreichen, was erledigt wurde. Dieses »Abhaken« motiviert, gleichmäßig weiterzulernen.

- Motivierend kann sein, wenn man für die einzelnen Fächer *Leistungskurven* zeichnet, an denen der Fortschritt abgelesen werden kann. Einzelne Mißerfolge dürfen nicht entmutigen. Eine gesunde Leistungssteigerung vollzieht sich in Etappen, ansteigend wie Terrassenfelder an einem Berg, und geht nicht gleichmäßig steil nach oben. Rückschläge sind ganz normal und gehören dazu.

Ähnlich wirkt, wenn man mit seinem Nachbarn oder anderen Mitschülern auf Grund der Noten in den verschiedenen Prüfungen eine *Tabelle* aufstellt wie z. B. im Fußball, wo man nach guten Leistungen weiter in der Tabelle vorrückt bzw. bei schlechten Ergebnissen zurückfällt. Wer mit Computer arbeitet, kann möglicherweise solche Tabellen leicht für die ganze Klasse aufstellen.
Ansporn bringt auch eine *Lernkurve*, die auf einem Blatt (DIN A 4) angelegt wird. Man trägt täglich die reine Lernzeit ein und sieht so, ob man über oder unter seinem »Soll« geblieben ist. (Die Sollzeit wird als waagerechte rote Linie eingetragen!) Hängt diese Kurve gut sichtbar am Lernplatz, so kann sie durch ihr stilles Mahnen ein größeres Durchhaltevermögen »erzwingen«.
Einen nützlichen Zwang ruft auch eine (freiwillige) *Abma-*

chung mit den Eltern hervor, sich zu genau festgelegten Zeiten kurz *abfragen zu lassen.*

- Sehr hilfreich kann sein, wenn mit einem Schulkameraden eine *Lerngemeinschaft* gebildet wird, in der man über verschiedene Themen diskutiert, und, was hier wichtig ist, sich gegenseitig zum Lernen und Durchhalten anspornt. Zu zweit erträgt man die »Last« leichter. Wirklich lernen, z. B. Vokabeln, sollte man zunächst jedoch alleine. Dieser Schulkamerad darf allerdings kein Pessimist sein, sondern er sollte durch seine Einstellung Optimismus und damit Selbstvertrauen verbreiten.
- Der Wille zum Lernen und Durchhalten kann durch Geldprämien gefördert werden. Dies wird zwar häufig als unpädagogisch verworfen, kann aber trotzdem kurzfristig wirkungsvoll sein. Geld ist nun einmal eine Sprache, die allgemein gut verstanden wird. Es gibt Schüler, die für Notenunterschiede dem jeweils Besseren eine kleine *Geldprämie* bezahlen und dadurch stark motiviert werden, mehr und ausdauernder zu lernen.

  Auch Eltern setzen gelegentlich Geldprämien für einzelne Noten aus. Gemeinsam wird, je nach Leistungsniveau, eine »Preisliste« aufgestellt, gestaffelt nach mündlichen Noten, Stegreifaufgaben, Schulaufgaben oder Zeugnisnoten. Dabei werden vor allem Verbesserungen gegenüber dem bisherigen Leistungsstand honoriert. So kann schon ein »Ausreichend« für einen Schüler sehr gut sein, wenn er sonst ein »Ungenügend« hatte, während eine solche Note für einen guten Schüler eine kleine Katastrophe ist. Für jedes Fach mag das beim selben Schüler anders sein, je nach Leistungsstand.

  In gleicher Weise sollen andere ausgesetzte *Belohnungen und kleine Geschenke* motivieren. Ob dies nun das Versprechen ist, das Lieblingsessen zu kochen, zum Essen in ein besonderes Restaurant auszugehen, ein Buch, eine Kassette, eine Reise usw., ist nicht so wichtig. Entscheidend ist, daß es für den einzelnen Schüler ein echter Anreiz ist, die eigene Faulheit zu überwinden. Dabei werden oft auch schon Nahziele prämiert, ähnlich wie bei Fahrradrennen, wo zwischendurch für einzelne Etappen Prämien ausgesetzt sind, um die Leistungen anzustacheln.

Malt ein Schüler sich nun immer wieder Szenen aus, in denen er eine gute Note bereits erhalten hat, deswegen gelobt wird und »Belohnungen« aller Art erhält, so löst dies angenehme Gefühle aus, die ihn veranlassen können, mehr und lieber zu lernen.

- Mindestens ebenso wirksam aber ist, wenn *Eltern* sich von der Sache her für das *interessieren,* womit sich ihr Junge oder Mädchen schulisch gerade zu beschäftigen hat, wenn sie sich darüber informieren und belehren lassen. Damit wird dem Lerngegenstand inneres Gewicht gegeben und zugleich dem Schüler auch bei kleinen und relativen Fortschritten Selbstwertgefühl vermittelt. Da wird dann auch deutlich, was Erwachsene nur allzu leicht übersehen: Schüler können und wissen auf so manchem Fachgebiet tatsächlich weit mehr als sie selbst, auch wenn sie nicht zu den Besten zählen. Sie können einem Erwachsenen also wirklich etwas geben. Diese wichtige Erfahrung müssen Schüler immer wieder machen dürfen. Das spornt weit mehr an als diese oder jene gute Note. Wird immer nur nach der Note gefragt, bringt dies vielfach erst echte Lernhemmung hervor.
- Gelegentlich, besonders in der 8. und 9. Klasse, können manche Schüler sich nicht überwinden zu lernen, sind nicht fähig, sich zu konzentrieren und sind überfordert, wenn sie etwas geistig Anstrengendes für die Schule tun sollen. Da hilft keines der Mittel, so pädagogisch und psychologisch richtig sie sein mögen.

Hier ist dann kurzfristig ein gewisser *Zwang* von außen das einzige, was hilft. Nur so kann diese kritische Phase ohne große Nachteile für später überbrückt werden.
Dieser Druck kann nicht nur von den Lehrern, sondern besonders auch von den Eltern ausgehen, indem diese z. B. auf *feste Arbeitszeiten*, den *Nachweis der Hausaufgaben und des gelernten Stoffes durch »Logbuch«* bestehen sowie das Lernen durch *kurzes Abfragen* überprüfen. Wenn alles konsequent längere Zeit durchgehalten wird, hilft dies sehr.

- Besonders unangenehm, aber sehr wirkungsvoll, ist, wenn noch zusätzlich durch *Entzug von Vergünstigungen* für eine gewisse Zeit »bestraft« wird.

Ohne dies ist in vielen Fällen höchstwahrscheinlich alles erfolglos, und die Eltern trifft später sehr schnell der Vorwurf des Kindes, sie hätten es als Erwachsener besser wissen müssen und nicht nachgeben, sondern Zwang ausüben sollen.
Als betroffener Schüler hat man natürlich gar nicht gern, wenn dieses letzte Mittel angewandt wird, selbst dann nicht, wenn man einsieht, daß es anders nicht geht. Aber auch diese schwere Zeit geht vorüber; je geringer der Schaden in der Schule, desto besser ist es für den Schulabschluß! Ein »freiwilliger« Austritt aus einer weiterführenden Schule wird stets recht schnell bereut. Nicht selten zeigt sich nur wenige Jahre später, was man damit verspielt hat.
Es führt kein Weg daran vorbei: Umsonst gibt es nirgendwo etwas; alle Vorzüge im Leben muß man in irgendeiner Weise mit Einsatz erringen. Investitionen sind überall notwendig, wobei der Erfolg oder Nutzen nicht sofort erwartet werden darf.

52 Tabletten

Aus dem Kapitel über das menschliche Gehirn und das Gedächtnis ist bekannt, daß bestimmte chemische Stoffe für das Denken, für den Aufbau von Denkleitungen notwendig sind.
Von der Pharmaindustrie werden nun Mittel angeboten – zum Teil auf rein biologischer Grundlage – welche dieser Tatsache Rechnung tragen. Es wird dabei davon ausgegangen, daß sich nicht alle Menschen richtig ernähren und deswegen nicht genug dieser Stoffe in ihrem Körper selbst produzieren, vor allem nicht bei Mangelzuständen nach Krankheiten oder besonderen Anstrengungen. Diese Mittel sollen nun helfen, Denk- und Lernleistungen zu verbessern.
Untersuchungen weisen zwar auf die grundsätzliche Wirksamkeit solcher Mittel hin. Ob aber die Einnahme eines solchen Präparates wirklich angezeigt ist und welches Mittel für den einzelnen dann das richtige ist, muß dem Arzt überlassen bleiben.
Wer als Schüler glaubt, daß diese Mittel wie Zauber wirken, irrt. Aufpassen und richtig lernen muß jeder schon alleine!

Schlußbemerkungen

»Einen Computer müßte man im Kopf haben!« mag so mancher geplagte Schüler schon beim Lernen geseufzt haben. Dabei ist unser Gehirn wie ein ganzes Computerzentrum, von dem aber offenbar nur ein Teil überhaupt benützt wird, weil leider die Gebrauchsanweisung noch fehlt. Die Forschung hat zwar in den letzten Jahren zahlreiche neue Erkenntnisse gebracht, viele, zu viele Fragen bleiben jedoch noch unbeantwortet.

Es ist zu hoffen, daß man immer mehr sein Gehirn nach direkten Arbeitsanweisungen selbständig Probleme lösen lassen kann, während man etwas ganz anderes macht. Möglicherweise wird man einmal nur noch »im Schlaf« lernen und ganze Bücher in Sekundenschnelle wiederholen können. Solange dies aber nicht so ist, müssen die Schüler weiterhin nach alter Weise lernen.

Der Ausspruch »Genie ist Fleiß« hat seine Berechtigung. Im Sport akzeptiert jeder, daß nur durch stundenlanges, tägliches Training über Jahre hinweg Höchstleistungen erzielt werden können. Um so erstaunlicher ist, daß gerade Schüler, die viel Sport betreiben, sich einbilden, sie könnten in der Schule ohne »geistige Kniebeugen« etwas erreichen . . . Der Wille zur Leistung muß da sein. Mit den vorliegenden Anleitungen allerdings geht alles viel leichter und ohne zeitraubende Umwege über eigene negative Erfahrungen.

Es sind eine Reihe von Punkten angeführt, von denen jeder einzelne möglicherweise zu einer Notenverbesserung führt. Werden alle angewandt, so kann von jedem Schüler eine großartige Leistungssteigerung erreicht werden. Der Autor hat dies selbst während seiner eigenen Schulzeit erlebt. Bei geringem Zeitaufwand verbesserten sich z. B. die Noten in Geschichte, Geographie und Englisch in kurzer Zeit von »befriedigend« zu »sehr gut«, und das Abitur war mit siebzehn Jahren bestanden.

Diese Lernmethoden können von allen Schülern erfolgreich angewandt werden. Man braucht dabei nicht zu wissen, warum dies so funktioniert. Hauptsache ist, daß es hilft.

Der Zeitaufwand ist viel geringer, als zunächst angenommen wird. Trotz guter Schulleistungen verfügt man über reichlich Freizeit, die Lebensqualität steigt, der Schulstreß nimmt ab. Wer sich nach diesen Anleitungen richtet, dem werden Noten nicht zu Nöten.

Viele der Punkte können auf andere Lebensbereiche übertragen werden. Eine Leistungsoptimierung tritt auch da schnell ein. Man hat gelernt, erst zu denken, bevor man handelt. Es wird keine Zeit verloren durch unnütze, sinnlose Arbeiten. Man durchblickt schnell ein Problem, sieht das Wesentliche und verliert sich nicht in Details.

Wissen und problemlösendes Denken werden in Zukunft noch wichtiger. Die Arbeitsplätze stellen immer höhere Anforderungen an die Qualität der Ausbildung. Geist ist der entscheidende »Rohstoff«. Lebenslanges Lernen wird verlangt. Wer richtig lernen und denken kann, ist im Vorteil und braucht keine Angst vor der Zukunft zu haben.

Viel Erfolg!

Anhang: Lernen von Vokabeln

Vokabeln sind die »Ziegelsteine« eines Sprachgebäudes. Ohne sie geht nichts. Deswegen ist es besonders wichtig, die Wörter in einer Fremdsprache gut zu beherrschen.

Sofern man sich eine Fremdsprache nicht wie ein Kind seine Muttersprache im jeweiligen Land durch den täglichen Umgang damit aneignen kann, müssen Vokabeln aus Zeitgründen eigens gelernt werden. Nicht nur einmal, sondern immer wieder! Einmaliges Lernen ist verschwendete Zeit! Ein Wort kann langfristig vielfach erst dann aktiv verwendet werden, wenn es in zeitlichen Abständen, etwa 70mal (!), gehört, gelesen oder gebraucht wurde. Nur so gelangt es ins Langzeitgedächtnis.

Wiederholungen in sich vergrößernden Abständen (z. B. 1., 2., 5., 10., 20. Tag) sichern die gelernten Wörter vor dem Vergessen.

Man ist also nicht dumm, wenn man Wörter ohne entsprechende Wiederholungen nach einiger Zeit wieder vergessen hat.

Beim Wörterlernen müssen *möglichst viele »Eingangskanäle«* benützt werden, d. h. gleichzeitig Sehen/Lesen, Sprechen/Hören und vor allem Schreiben. Das jeweilige Wort sollte unbedingt zwischendurch laut *gesprochen* und dabei immer wieder *geschrieben* werden, *langsam, einprägend,* wodurch es besonders gut im Gedächtnis behalten wird.

- Beim Lernen darf nicht zu schnell vorgegangen werden, da man die Wörter sonst nicht gut behält. Eine Lerneinheit beträgt zwischen fünf und zehn Minuten. Stundenlanges Pauken bringt wenig. *»3 × 5 Minuten« lernen* ist ergiebiger als eine Stunde auf einmal!

  Nach dem ersten Lernen sollten die Wörter noch am selben Tag wiederholt werden, eventuell kurz vor dem Schlafengehen noch ein letztes Mal. Bei späteren Wiederholungen übt man die Wörter in anderer Reihenfolge.

- Sind als Hausaufgabe einmal relativ viele Wörter zu lernen, so ist zweckmäßig, daß diese in kleinen Gruppen bis zu zehn Wörtern zusammengefaßt werden. Man kann hier innerhalb einer Gruppe zunächst in Ketten lernen, wie die Strophe eines Liedes, d. h. man fängt bei einem Fehler wieder von vorne an.

  Grundsätzlich muß man, unabhängig voneinander, von der Fremdsprache in die Muttersprache und umgekehrt lernen.
- Man erspart sich viele Wiederholungen, wenn man *»Eselsbrükken«* verwendet, d. h. neue Wörter durch Herstellung von Beziehungen zu bereits Bekanntem im Gedächtnis verankert. Muß im Englischen z. B. das Wort »island« ['ailənd] = Insel gelernt werden, so behält man dieses Wort leichter, wenn man an das deutsche Wort Eiland = kleine Insel denkt und so eine Brücke zwischen den zwei Wörtern herstellt. Brücke kann auch ein Name oder eine ganze Geschichte sein. Wer z. B. das spanische Wort »tecla« = (Klavier) Taste behalten möchte, könnte sich bildhaft vorstellen, daß ein Mädchen namens Thekla Klavier spielt, die weißen und schwarzen Tasten benützt und sogar zwischendurch davon abbeißt. Je komischer und unsinniger ein solches Bild ist, desto dauerhafter ist das Behalten.

  Hilfreich ist immer, wenn man an Fremdwörter, eventuell auch an Wörter einer anderen Sprache anknüpfen kann, wie z. B. englisch »attraction« = Sehenswürdigkeit an deutsch »attraktiv«. Schwieriger ist es zunächst sicherlich, wenn jemand eine Sprache lernt, die völlig anders in Wort und Schrift ist (beispielsweise Chinesisch mit ganz fremden Schriftzeichen). Aber selbst hier muß man versuchen, über möglicherweise längere Brücken ein Anknüpfen an bereits Bekanntes zu erreichen. Dies ist immer besser als rein mechanisches Wiederholen. Später wird dann die »Brücke« gar nicht mehr benutzt; man kann sozusagen einfach über den Grenzfluß von einem Sprachufer zum anderen springen. Die Verbindung island = Insel z. B. wird direkt hergestellt. Ja, am Ende denkt man in der fremden Sprache.

Was als Eselsbrücke verwendet wird, ist individuell sehr verschieden, weil jeder Mensch an andere Erlebnisse oder gespeicherte Kenntnisse anknüpft.

- Die neuen Wörter muß man auch in Sätzen gebrauchen, mit Vergangenheitsformen, in Fragen usw. Gelegentlich sollten auch Definitionen formuliert werden.
- Die Wörter der einzelnen Lektionen eines Lehrbuches sollen direkt aus dem Buch gelernt werden, auch dann, wenn diese Vokabeln vom Fachlehrer aus zusätzlich in ein Wörterheft übertragen werden müssen. Auf diese Weise wird vermieden, daß mögliche Abschreibefehler eingeübt werden.
- In einer Fremdsprache muß man dennoch unbedingt ein *Vokabelheft* führen. Es kann ein ganz normales Heft DIN A 5 ohne Rand sein. Man knickt alle Blätter auf einmal in der Mitte um, so daß zwei Spalten entstehen. In dieses Heft werden nun Einzelwörter, besondere Ausdrücke, Synonyme usw. eingetragen, nicht die Wörter aus dem Lehrbuch, außer es liegt eine spezielle Schwierigkeit vor.

  Dieses Vokabelheft wird über die einzelnen Schuljahre weitergeführt. Während der Unterrichtsstunde liegt das Heft immer aufgeschlagen auf dem Tisch, so daß alle erwähnten »Sonderwörter« sofort eingetragen werden können. Folgende *Zeichen* helfen Zeit sparen:

  ↔ (= opposite: day ↔ night)
  = (= synonym: to phone = to ring up)
  → (= Wortfamilie: to introduce → introduction).

Die offizielle, internationale Lautschrift braucht man nur in besonderen Fällen mitzuschreiben. Sonst genügen folgende, direkt am Wort angebrachten Zeichen:

u̲: der Vokal, einfach unterstrichen, wird so ausgesprochen, also [u] (bu̲tcher)

ĩ: die Wellenlinie auf dem »i« bedeutet, daß die Aussprache [ai] ist, z. B. lĩke, to wrĩte …

s: eine Besonderheit in der Schreibung wird zweifach unterstrichen (interesting)
ó: dieser Vokal ist betont (órigin)

In dieses Heft trägt man alle Wörter, so wie sie anfallen, ungeordnet ein, also nicht getrennt nach Alphabet oder Synonyme usw. Gerade diese Unregelmäßigkeit verhindert beim ersten Lernen eine Vermischung.

- Damit beim Vokabellernen nicht unnötig Zeit verlorengeht, muß man systematisch vorgehen. Bekannt sind Karteikastensysteme, die jedoch in der Anschaffung teuer, vor allem aber auch zeitaufwendig sind und zur Spielerei werden können. Bei (billigerer) Eigenanfertigung von Kasten und Karteikarten ist meist die Energie schon aufgebraucht, bevor das eigentliche Lernen beginnen kann.

Einfacher, billiger, schneller und sehr wirkungsvoll ist das folgende *Punktsystem,* wobei der Schüler direkt im Buch bzw. im Vokabelheft lernt.

Wiederholt man beispielsweise am folgenden Tag die gelernten Vokabeln, so kennzeichnet man am Rand die Wörter mit einem Bleistiftpunkt, welche nicht 100%ig »sitzen«. Diese Wörter mit einem Punkt lernt man sodann noch einmal intensiv. Der Punkt wird auf der Seite angebracht, von der aus man sich abfragt. Das kann also auf der Seite der Fremdsprache oder auf der Seite der Muttersprache sein.

Bei einer zweiten Wiederholung an einem späteren Tag kontrolliert man nur die Wörter, welche einen Punkt aufweisen. Jedes Wort, das man nun wieder nicht richtig beherrscht, erhält einen zweiten Punkt. Danach lernt man alle diese Wörter nochmals.

Bei einer dritten Wiederholung werden nur die Wörter mit zwei Punkten abgefragt. »Problemwörter« bekommen einen dritten Punkt . . .

Bei einer vierten Wiederholung wird mit einem roten Punkt gearbeitet usw. So kann man, je nach der zur Verfügung stehenden

Zeit, schnell mehrere Seiten wiederholen, ohne sich zu lange mit »leichten« Wörtern aufzuhalten. Hat man mehr Zeit, können auch nochmals Wörter mit weniger Punkten überprüft werden.

- Damit ein Schüler nicht immer dieselbe Reihenfolge einhält, sollte er folgendes System anwenden:

  Bei jeder Seite im Vokabelheft (die Seiten muß man selbst fortlaufend numerieren) und bei jeder Lektionsnummer im Lehrbuch wird mit Bleistift (in Klammer) noch eine weitere Seitenzahl bzw. Lektionsnummer vermerkt, im Vokabelheft bei Seite 1 beispielsweise die Zahl 15, auf Seite 15 die Zahl 7 usw. Wiederholt der Schüler nun Seite 1, so kann er anschließend, je nach zur Verfügung stehender Zeit, auch noch Seite 15, 7 usw. wiederholen. Auf diese Weise werden in gewissen Abständen auch die Wörter von »früher« wiederholt und so vor dem Vergessen bewahrt. Wird nun die Seite bzw. die Lektionsnummer bei jeder Wiederholung mit einem Bleistiftpunkt versehen, so kann eine gleich häufige Wiederholung erreicht werden.

  Dieses Punktsystem ist, im Gegensatz zu der langwierigen Beschreibung, äußerst einfach und zeitsparend.

  Unbedingt anwenden!

- Wer sich selbst abfragt, sollte jeweils eine Spalte abdecken, das Wort dann sprechen, schreiben und dann nachsehen, ob alles richtig ist. Treten Fehler auf, muß man sich sofort nochmals alles neu einprägen, bevor man weitergeht.

  Damit beim Überprüfen nicht immer schon das nächste Wort gesehen werden kann, wird ein Papier oder dünne Pappe benützt mit einem kleinen, eingeschnittenen Fenster darin:

Denselben Dienst tut ein Blatt Papier, das am oberen Rand so zugeschnitten ist, daß man ebenfalls durch Verschieben in der Zeile die Lösung kontrollieren kann, ohne das nächste Wort zu sehen:

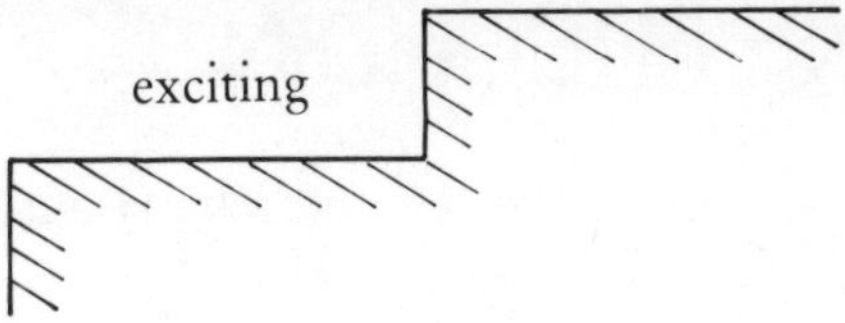

- Für eine gute Rechtschreibung ist unerläßlich, daß Besonderheiten in der Orthographie eigens gelernt werden, z. B. to expl*ai*n, aber expl*a*nation, oder Ähnlichkeiten, die leicht zu Verwechslungen führen: far (= weit) und fare [æ] (= Fahrgeld), car (= Auto) und care [æ] (= Sorgfalt), at last (= schließlich, endlich) und at least [i:] (= zumindest, wenigstens) usw. Im Englischen ist auch auf den großen Unterschied zwischen Aussprache und Schreibung zu achten: cupboard ['kʌbəd], Worcester ['wustə]; g*oo*d [u], d*oo*r [ɔ]und bl*oo*d [ʌ]; pl*ea*se [i:] und pl*ea*sant [e] usw.
- *Vokabeln* können sehr gut *»nebenbei« gelernt* werden, d. h. ohne daß dafür speziell Studierzeit aufgewendet wird.

  Auf einem kleinen Zettel werden einige Wörter aufgeschrieben, eingesteckt und tagsüber immer wieder vorgenommen und einzeln kurz gelernt. Das kann auf dem Weg zur Schule, beim Warten auf den Bus, im Auto, im Zug usw. geschehen. Auch zu Hause gibt es viele solcher Gelegenheiten. Ein Zettel mit Wörtern wird z. B. am Spiegel im Badezimmer angebracht. *Ein* Wort kann in Pausen beim Fernsehen usw. gelernt werden. Ein kurzer Blick genügt.

  Auf diese Weise kann man spielend leicht täglich fünf bis zehn Wörter lernen. In einem Jahr wären das etwa 1400 bis über 3600 Wörter. In vier Jahren . . . Man muß nur konsequent und regelmäßig »tote Zeiten« ausnützen! Ein Erfolg in Fremdsprachen, vor allem in den Oberklassen, ist so erreichbar.